ALMA DE GATO

Ruth Berger

Alma de gato

78 historias
de amor e inspiración
entre humanos y felinos

URANO

Argentina – Chile – Colombia – España
Estados Unidos – México – Perú – Uruguay – Venezuela

1.ª edición Abril 2011

© 2011 *by* Ruth Berger
© 2011 *by* Ediciones Urano, S.A.U.
Aribau, 142, pral. – 08036 Barcelona
www.mundourano.com
www.edicionesurano.com

ISBN: 978-84-7953-783-8
E-ISBN: 978-84-9944-013-2
Depósito legal: NA-271-2012

Fotocomposición: A.P.G. Estudi Gràfic, S.L.
Impreso por Rodesa, S.A. – Polígono Industrial San Miguel - Parcelas E7-E8 – 31132 Villatuerta (Navarra)

Impreso en España – *Printed in Spain*

Índice

Presentación 11

Lord Byron y *Beppo* 15
John Lennon y *Elvis* 17
Jim Davis y *Garfield* 21
Edgar Allan Poe y *Plutón* 23
«¡Quiero un gato persa!» 25
La reina Victoria y *White Heather* 31
Edward Lear y *Foss* 33
Winston Churchill y *Jock* 35
Brigitte Bardot 39
«Lo que no sabía era que, además de enamorarme
    de los perros, me iba a enamorar de los gatos» 41
Emily Bronte y *Tiger* 45
Fernando Sánchez Dragó y *Soseki* 47
Martha Stewart y los gatos Himalaya 51
Joyce Carol Oates y *Christabel* 53
«Llegamos a la conclusión de que teníamos
    una gata virtuosa» 55
Vivien Leigh y *Poo Jones* 59
Freddie Mercury y *Delilah* 63
«Se les coge cariño a estos bichejos» 67
John Fitzgerald Kennedy y *Tom Kitten* 71
Cleopatra y *Charmaine* 73
Alejandro Jodorowsky y *Kazán* 75

«*Entonces pensé que quizás el gato había notado algo que yo no podía notar: mi hijo estaba en camino*» 77

Chulalongkorn y *Cupcake* 83

Charles Baudelaire y *Guillaume d'Aquitanie* 85

Louis Wain y *Peter* 89

«*Al ver a ese pequeñín que me miraba con unos ojillos tiernos como los del gato de Shrek, no pude resistir la tentación*» 91

Abraham Lincoln y *Tabby* 95

Charles de Gaulle y *Gris Gris* 97

Tippi Hedren y *Antonio Banderas* 99

Balthus y *Mitsou* 103

«*Después de convivir dos semanas con* Chompy, *intuimos que era el animal perfecto para nosotros*» 105

Cardenal Richelieu y *Racan* y *Perruque* 107

El papa Benedicto XVI y *Chico* 111

«*Quiero a mi gato y él me quiere a mí. Me siento afortunada*» 113

Paul Klee y *Fritzi* 115

Bai Ling y *Quiji* 117

Julio Cortázar y *Flanelle* 119

Leonor Fini y sus treinta gatos 121

«*Cuando tengo un mal día, no se separa de mí*» 123

Socks y la familia Clinton y Betty Currie 127

Florence Nightingale y *Bismarck* 131

«*Hay una estrecha relación entre "el gato" y los físicos modernos*» 133

Alexandre Alekhine y *Ajedrez* y *Jaque Mate* 137

Jorge Luis Borges y *Beppo* 139

Lenin y sus dos gatos 141

Osvaldo Soriano y *Pulqui* 143

*«Me gusta verlos juntos, porque el pequeño
 ha despertado por fin esa dulzura que Zoe
 tenía tan bien escondida»* 145

Herbert George Wells y *Mr. Peter Wells* 149

Theodore Roosevelt y *Tom Quartz* y *Slippers* 151

Gustav Klimt y los gatos libres 153

Victor Hugo y *Chanoine* 155

«Me gustan los gatos porque son autónomos» 157

El conde de Southampton y *Trixel* 161

Mahoma y *Muezza* 163

Tama y el sacerdote 165

«Venía corriendo a verte, maullando de alegría» 167

Kurt Cobain y *Espina Bífida* 171

Katy Perry, Russell Brand y *Krusty* y *Co* 173

Giorgio Armani y *Charlie* 175

Patricia Highsmith y *Charlotte* 177

«Es una gata de bruja» 179

Halle Berry y *Play-Doh* 181

John Calvin Coolidge y *Tiger* 183

Hemingway, *Snowball* e hijos 185

El emperador japonés Ichijo y *Myobu No Omoto* 187

«Es como tener a un tigre en miniatura a tu lado» 189

Harry Truman y *Bob* 193

Alexander Dumas y *Mysouff* 195

«Para mí los gatos han sido amigos y protectores» 197

Mark Twain y *Bambino* 201

Harold Wilson y *Nemo* 205

Marlon Brando y otras estrellas gatunas 207

*«Descubrimos que el gato era mudo, por eso lo rechazó
 la madre»* 209

Jean Cocteau y *Karoun* 211

Albert Schweitzer y *Sizi* 213

Charles Dickens y *Wilhelmina* 215
«Mi casa es como un zoológico» 219
Nicolás I de Rusia y *Vadka* 221

Presentación

El amor y la complicidad que se establece entre un amo —o ama— y su gato es algo que sólo puede ser entendido por quien ha compartido su vida con estos tigres en miniatura.

Tal vez por ser el único animal que ha logrado domesticar al ser humano, la convivencia con un felino está llena de episodios tan insólitos como deliciosos, fruto del encuentro entre nuestra naturaleza previsible y el carácter expeditivo, caprichoso y encantador de los gatos.

Este libro recoge setenta y ocho historias de amor entre humanos y felinos. Incluye amistades a prueba de fuego entre gatos y personajes del calado de Freddy Mercury, Charles Dickens o Florence Nightingale, pero también historias anónimas de personas de los más diversos oficios que ven alegrado su día a día por los maullidos y juegos de su pequeño amigo.

La presente antología rompe con el falso tópico de que el gato es arisco y traicionero, incapaz de amar a la mano que lo alimenta. A través de estos testimonios del pasado y el presente entendemos que la relación entre personas y gatos pueden ser tan profundas, complejas e incondicionales como entre miembros de nuestra misma especie.

Éste es un libro para los amantes de los gatos que desean aprender, asombrarse y sonreír con bellas historias de amor que tienen a estos salvajes zalameros como protagonistas. Pues sólo ellos han logrado hacer del ser humano todopoderoso, domina-

dor —y destructor— del medio natural, un humilde criado dispuesto a atender los mínimos caprichos de su mascota.

Espero que estas páginas inviten al lector a profundizar todavía más en el gozo de compartir nuestra vida con los seres
más bellos y astutos de la creación.

RUTH BERGER

«Un gato lleva a otro gato.»
ERNEST HEMINGWAY

Lord Byron y *Beppo*

El poeta inglés lord Byron fue un genio excéntrico que decidió que en su vida no podían faltar los animales. Así, contó con la compañía de caballos, monos, águilas, gallinas de Guinea, tejones, gansos, grullas egipcias, cuervos, pavos reales, halcones e, incluso, un oso.

Este último protagonizó una extraña historia junto al poeta cuando se trasladó a estudiar a la Universidad de Cambridge. En dicha universidad no estaban permitidos los animales domésticos. Lord Byron consideró que, por lo tanto, no podía llevarse con él a un perro. Pero decidió introducir un oso, ya que éste no podía ser considerado precisamente un animal doméstico.

Aunque convivió con los más raros animales, con los que tuvo siempre más afinidad fue con los gatos. Byron compartió su vida con cinco gatos con los que viajaba a todas partes. Intentaba no separarse nunca de ellos, así que mucha gente los conoció. Sin embargo, a pesar de ser tan famosos, los nombres de estos gatos nos resultan desconocidos. Bueno, no el de todos, ya que las historias de dos de esos felinos han llegado hasta nuestros tiempos, y con ellas, sus nombres.

Uno de los gatos a los que más amó Byron fue *Beppo*. Para demostrarlo, el poeta escribió un poema al que tituló con el nombre de su gato. Mucho tiempo después, Jorge Luis Borges cambiaría el nombre de su querido *Peppo* por el de *Beppo*, en honor al histórico felino.

Boastwain es el otro nombre que ha llegado hasta nosotros, aunque por un motivo muy diferente. Byron amaba con locura a este gato, pero enfermó de rabia y murió. Al enterrarlo, el poeta utilizó como epitafio estos versos:

Aquí reposan los restos de una criatura
que fue bella sin vanidad,
fuerte sin insolencia,
valiente sin ferocidad,
y tuvo todas las virtudes del hombre
sin ninguno de sus defectos.

La lección de *Boastwain*

El ser fuerte, bello o poderoso se reconoce en que no necesita exhibir sus virtudes. En cambio, es propio de débiles compararse enfermizamente con los demás, hacer ostentación y buscar el reconocimiento externo. La verdadera fuerza debe ser invisible a los ojos ajenos.

John Lennon y *Elvis*

El mítico *beatle*, que también cuajó una brillante carrera en solitario, se crió desde su más tierna infancia rodeado de gatos. Para él los felinos simbolizaban la libertad y no le era posible comprender la vida si no tenía al menos uno de estos animales cerca. Él mismo confesó que tenía «algo» con los gatos. También en la época que pasó junto a Yoko Ono continuaron siendo importantes en su vida.

John creció en Liverpool, entre la casa de su madre y la de su tía Mimi. Su madre tenía un gato llamado *Elvis* del que nos ha llegado una historia curiosa gracias a la hermanastra del músico. Su madre lo bautizó con ese nombre por Elvis Presley, al que idolatraba. Pero un día el gato tuvo una camada de gatitos en la parte trasera de la cocina; al ver a todas aquellas crías junto a su gato, descubrieron que se habían equivocado: se trataba de una gata. A pesar de ese descubrimiento, era tal la pasión que la mujer sentía por Elvis, que la gata continuó con ese nombre.

Además de *Elvis*, John creció con muchos otros felinos: los que vivían con su tía Mimi. En casa de ésta siempre había habido gatos, pero, desde la llegada de John, empezaron a haber muchos más, porque siempre que el muchacho encontraba a un felino abandonado en la calle, se lo llevaba a su tía para que lo cuidara y alimentara.

Entre sus preferidos, había un gato medio persa de color melocotón llamado *Tich*, que murió cuando John empezó a ir al instituto; también estaba *Tim*, otro gato también medio persa de color jengibre que encontraron un invierno en medio de la calle nevada; otro felino al que John adoró se llamaba *Sam*.

Cuando era joven, este músico iba cada día en bicicleta hasta el puesto de pescado de Woolton de la señora Smith para comprar comida fresca para sus gatos. Más adelante, cuando tuvo que viajar a causa de las múltiples giras de los Beatles, llamaba a su tía Mimi para saber qué hacían sus queridos amigos en su ausencia.

En la casa de Weybridge, donde vivía con su esposa Cynthia y su hijo Julian, John también tuvo muchos gatos. En cuanto la casa estuvo terminada, el músico insistió en tener al menos un gato. El primero que llegó fue un atigrado llamado *Mimi* en honor a su querida tía; después le siguieron otros dos, y finalmente llegaron a tener diez.

John Lennon fue un personaje polifacético, con muchas vidas —como sus compañeros felinos—, pero hubo algo en común en todas ellas: los gatos. Mientras estuvo con su amante May Pang, les acompañaron dos mininos, uno negro y otro blanco, cuyos nombres eran *Major* y *Minor*.

Tras instalarse en Nueva York, el autor de «Imagine» seguía una misma rutina diaria. Cada día se despertaba a las seis o a las siete de la mañana, contemplaba desde su ventana Central Park y los suburbios de Manhattan y, después de desayunar, regresaba a su habitación, donde se encerraba a leer o a soñar con el televisor encendido, sin prestarle atención.

Nadie podía molestarle; nadie, excepto sus gatos. Sólo ellos podían moverse libremente por la casa, incluso en los lugares en los que él se recogía. Podían ir adonde quisieran y disfrutar de su compañía cuando lo desearan.

Yoko Ono y John Lennon tuvieron muchos gatos en Nueva York, entre ellos a *Salt* y *Pepper*, una pareja de color blanco y negro, a tres persas llamados *Misha, Sasha* y *Charo*, a un gatito ruso azul, y a otro llamado *Alice*.

El músico disfrutaba dibujando a sus gatos, y algunos de esos bocetos e ilustraciones aparecieron en sus libros. Además, a John le encantaba dibujar junto a su hijo Sean porque, imitando la conducta de los felinos en las ilustraciones, intentaba enseñarle y hacerle reír.

«Empecé a encontrar a John y a Sean dibujando juntos. John dibujaba algo y le explicaba a Sean lo que era: "Es un gato haciendo la siesta, Sean". Las explicaciones de John eran muy cortas y concisas, con mucho ingenio y sentido del humor, y hacían reír a Sean. Así es como Sean aprendió a disfrutar del dibujo con su padre, y con ello a disfrutar de la vida», aseguraba Yoko Ono.

La lección de los gatos de Lennon

El *beatle* aprendió de sus gatos que uno debe ser apreciado por lo que es, y no por lo que los demás esperan que sea. El felino no se deja domar, no adula a su amo, es orgulloso e independiente. Muestra sin pudor sus deseos y estados de ánimo. Esa demostración de libertad y autoestima ayudó a John a desarrollar su propio camino en el mundo de la música. Con su conducta, sus gatos le estaban diciendo: «Si subes al escenario y empiezas a ronronear, no te faltarán manos que quieran mimarte».

Jim Davis y *Garfield*

¿Quién no conoce a *Garfield*, ese gato rechoncho y anaranjado que ha hecho las delicias de pequeños y no tan pequeños?

No es difícil adivinar que Jim Davis, su dibujante, era un apasionado de los gatos.

De niño vivía en una granja con sus padres, su hermano y veinticinco gatos. Cuentan que de pequeño sufrió asma y que esa enfermedad lo llevó a pasar largas temporadas en la cama, tiempo que aprovechó para dibujar. Así fue como descubrió que lo de dibujar era algo que no se le daba mal. Trabajó como dibujante en diferentes agencias publicitarias y creó el personaje Mosquito Gnorm. Sin embargo, al cabo de un tiempo decidió arriesgarse y crear un personaje que lo llevaría a la fama. Estamos hablando de *Garfield*, la historia de un excéntrico gato, del perro que comparte hogar con él, *Odie*, y el dueño de ambos, Jon Arbuckle.

Seguramente, Davis se inspiró en algunas características de aquellos veinticinco gatos con los que convivió durante su infancia para crear a *Garfield*, un gato amante de la lasaña, las siestas y su osito de peluche, y que siempre guarda alguna buena frase en la manga.

Curiosamente, el nombre del gato no fue aleatorio. El segundo nombre de Jim Davis es Garfield, en honor a su abuelo, al que llamaron Garfield también en honor a otra persona: el presidente de Estados Unidos James A. Garfield.

Davis también ofreció un consejo para todo aquel que viva con un gato: «Si tratas bien al gato, el gato te tratará bien a ti».

La filosofía de *Garfield*

1. Con un ego pequeño no se va a ningún sitio.
2. Devora cada banquete como si fuera el último.
3. Si tienes paciencia y esperas lo suficiente..., ¡nada sucederá!
4. Tengo hambre, luego existo.
5. Si quieres parecer muy listo, ponte al lado de alguien realmente estúpido.

Edgar Allan Poe y *Plutón*

El autor del escalofriante relato «El gato negro» era también un amante de estos pequeños felinos. Poe tuvo varios gatos, entre los cuales se encontraban dos gatos negros, así como *Catterina*, una dulce gatita color castaño que convivió con el escritor y su mujer, Virginia.

Este maestro del terror solía escribir acompañado por sus gatos porque necesitaba su compañía. Además, como le gustaba demasiado beber, decidió que ellos no iban a ser menos, y añadía un par de gotitas de whisky en la leche de su querida *Catterina*, que cuando acababa de beber se instalaba ronroneando sobre los hombros de Poe, mientras él escribía.

Pero no sólo *Catterina* tiene una historia que contar.

Uno de sus felinos negros, *Plutón*, era un gato de angora de carácter fuerte y algo fiero —curiosamente, ese nombre lo utilizó Poe para bautizar al gato de su aterrador cuento «El gato negro»—. Por lo que cuentan, se enfadaba mucho cuando el escritor bebía más de la cuenta y le arañaba para hacer que dejara la botella, otro paralelismo con el gato del cuento.

Los felinos son compañeros, ayudantes, vigilantes… Parece que entre ellos y los escritores haya un pacto establecido desde tiempos inmemoriales.

Un poema sobre la autoestima

Allan Poe aprendió de los gatos que el amor hacia uno mismo es una condición indispensable para que el resto del mundo nos ame. En este breve poema reflexiona sobre esta cuestión:

¿Deseas que te amen? No pierdas, pues,
el rumbo de tu corazón.
Sólo aquello que eres has de ser
y aquello que no eres, no.
Así, en el mundo, tu modo sutil,
tu gracia, tu bellísimo ser
serán objeto de elogio sin fin,
y el amor... un sencillo deber.

«¡Quiero un gato persa!»

Sergio (crupier)
Gato: *Sugar*

«¡Quiero un gato persa!» Así escrita, esta frase parece no tener mayor misterio ni relevancia, pero cuando la escuchas durante dos semanas, una y otra vez, y, además, quien no para de repetirla es una adolescente de doce años con voz aguda, la cosa cambia. Y más si ella es tu hermana, y acompaña la frase de marras con un recordatorio que insiste en que tú ya tuviste un gato y que siempre has querido tener otro, y que ella quiere uno, y que por qué no puede tenerlo...

Así que, tras comprobar que la insistencia de mi hermana no iba a ser vencida ni con el silencio ni con la indiferencia, decidí hacerle caso. Y gracias a esa frase tan sencilla, comenzó la búsqueda de un gato persa. Recorrí todas las tiendas de animales que conocía. Y encontrarlo, lo encontré..., pero había un pequeño inconveniente en el que ni mi hermana ni yo habíamos caído: el elevado precio. Estaba a punto de tirar la toalla cuando el destino decidió echarme una mano, y hacer que me fijara en uno de esos anuncios para compartir piso que abundan en los corchos de los pasillos de las facultades. Precisamente en uno de ellos se decía que alguien regalaba tres pequeños gatos persas.

¡Oh, milagro! ¡Ni siquiera los vendían! ¡Los regalaban! Fue sencillo contactar con la chica en cuestión, y lo hice en el momento perfecto, porque cuando hablamos con ella sólo le quedaba *uno de los tres gatitos… Así que, ni corto ni perezoso, decidí que nos quedaríamos con él. Ese gato iba a tener un nuevo hogar al día siguiente.*

El encuentro con la chica fue en el campus, pues mi vuelta a casa coincidía con el inicio de sus clases. La vi llegar con una caja de zapatos. Me la dio y yo la abrí. Ahí estaba él. Parecía tan asustado… Fue incapaz de moverse de la esquina en la que estaba acurrucado y en la que siguió hasta que llegamos a casa. No se oyó ni un solo maullido durante el trayecto y, si dio alguno al llegar a casa, tampoco lo oímos porque los gritos de alegría de mi hermana lo ahogaron. Lo cierto es que de persa el gato tenía poco, pero ¡qué más daba en ese momento! Mi hermana sostenía en su mano a una pequeña bolita blanca de pelo que todavía temblaba y al que bautizamos con el nombre de Sugar, por su parecido al algodón de azúcar.

De eso hace ahora unos siete años y lo cierto es que pocas anécdotas se pueden contar de Sugar…, al menos mientras fue pequeño. Era como todos los gatos pequeños: juguetón, curioso por todo lo que le rodeaba… Pero su historia se ha ido haciendo más interesante con los años, a medida que ha ido creciendo. Con el tiempo ha ido adquiriendo una personalidad propia, por no decir curiosa.

A veces bromeamos diciendo que tenemos entre nosotros una especie de Dr. Jeckyll y Mr. Hyde en versión felina. Cuando está haciendo vida familiar, es decir, con el núcleo central que lo ha visto crecer, no deja de ser un gato normal, con sus largas ausencias durmiendo, apareciendo para comer, buscando mimos cuando a él le apetece. Pero todo cambia cuando aparece alguien ajeno al círculo de conocidos. En ese momento, aparece su perfil más territorial, y se pone extremadamente nervioso e incluso agresivo, bufando y lanzándose contra los pies del «invasor». Si intentamos separarlo, a veces nos ataca también a nosotros. Por eso, hay momentos en que las visitas a casa se convierten en un espectáculo circense, casi de domadores, en el que tratamos de evitar que ataque a los invitados.

Más que un gato, parece que tengamos un tigre en casa; la verdad es que a veces es difícil lidiar con él. Aunque puede llegar a resultar graciosa esa manera suya de marcar territorio, como diciendo, «Éstos son míos, ¿qué haces tú aquí? No voy a compartirlos», esta actitud nos ha ocasionado más de un quebradero de cabeza y algún que otro ataque de nervios por parte de los invitados. Y es que no se conforma con mostrar las garras una sola vez. El muy animal ataca, marca territorio y abandona el lugar como si ya estuviera claro quién manda en la casa; pero vuelve, con su porte señorial, y ataca aleatoriamente y de improviso, para volverse a ir de nuevo a pasear por la casa tranquilamente, dejando a los presentes atacados por los nervios. Por eso hemos tomado la decisión de que, para las visitas cortas, lo mejor es cerrar alguna puerta que impida el cruce entre «invasor» y «guardián», y aislarlo por unos minutos de la zona donde vayan a estar los visitantes. Normalmente, para que no se sienta abandonado, me quedo yo con él, para hacerle compañía.

Debo reconocer que a mí todo eso no me parece tan malo. Ese punto agresivo le da un toque personal que lo hace interesante, diferente y que sirve de contrapunto al resto del catálogo de curiosidades que tiene Sugar. Por ejemplo, es un adicto a la menta, eucalipto y similares. Sé que suena extraño, pero es así. Le gusta tanto el olor a menta que puede llegar a subirse al lavabo para oler de cerca la pasta con que te estás lavando los dientes. Se acerca tanto que, a veces, su hocico está pegado a tu cara. No nos roba el cepillo de dientes porque no le dejamos, porque estoy convencido de que sería capaz de intentarlo.

Hace un tiempo, no sabría decir cuánto, se subió a la espalda de uno de los miembros de la familia para oler el champú con el *que se estaba lavando la cabeza. Y es que el champú tenía aroma a eucalipto. A esto se le suma otra curiosidad, y es que le encanta lamer el pelo mojado, o al menos intentarlo. ¡Quizá si cambiáramos de champú dejaría de hacerlo!*

Otro aspecto curioso de Sugar es cómo le gusta que lo acaricien. *Habitualmente los gatos suelen dejarse acariciar hasta llegar al ronroneo, y cuando ya no les interesa que sigas, se vuelven ariscos y se van hasta que llega su próxima sesión de mimos y caricias.* Sugar *tiene una particularidad.* Creo que podríamos llamarlo *fetichista, porque sólo deja que le acaricies con los pies, especialmente la cabeza y el lomo. Pero la barriga es mejor no tocársela mucho porque enseguida aparece su lado arisco. No obstante, puede estar minutos y minutos dejándose acariciar por un pie. Se tumba de lado con las patas apoyadas en la pared, esperando que masajees con los pies su lomo. Lo mejor es que, a veces, se deja caer en medio del pasillo, a la espera de que pases junto a él y te des cuenta de lo que reclama.*

Eso me recuerda que hay un juego en particular que le encanta y para el que me busca siempre a mí. Se trata de darle volteretas. *Bueno, en realidad es él el que da las volteretas: aprovecha mi pierna para hincar la cabeza en el suelo y rodar dando una voltereta, encadenando varias hacia un lado y hacia otro. Suele terminar tumbado en el suelo para que después de la sesión de ejercicios le hagas de masajista y trabajes su cansada musculatura con tus pies.*

Un juego que también le encanta, *y para el que no necesita a nadie más, es el de correr por el pasillo. Normalmente lo hace sin criterio alguno y de madrugada, echando carreras de un lado a otro de tal manera que parece que más que un gato haya un ejército en el pasillo.*

Yo sé que mi gato tiene sus particularidades —digo mi gato *porque mi hermana se independizó y se quedó con otro gato y* ahora Sugar es, *digamos, mío—, pero le tengo mucho cariño. Y él me lo tiene a mí, e incluso tiene su manera de demostrármelo.*

Trabajo de noche y, cuando vuelvo a casa de madrugada, siempre me espera en la puerta. Me sigue por el pasillo hasta la cocina y se queda junto a su plato de comida, intacto desde que le puse comida por la noche. Me mira. Y entonces iniciamos nuestro ritual. Yo abro la nevera, cojo algo para comer o para beber y no es hasta que yo bebo o como que él inicia su desayuno. Luego me puedo ir a mi habitación, porque él sigue comiendo, pero como no me acuerde de ir a la cocina al llegar del trabajo, él se dedica a recordar mi despiste quedándose en la puerta de mi habitación pronunciando una serie de miaus, hasta que me acuerdo y lo acompaño a la cocina.

Será arisco y territorial, pero Sugar tiene un lado divertido y cariñoso que te sabe demostrar cuando te conoce.

La reina Victoria y *White Heather*

Esta reina de Inglaterra que dio nombre a toda una época era una gran apasionada de los gatos. Sentía especial predilección por los persas, una raza de la que se dice que desciende del gato turco de angora. Tanto ella como otros miembros de la familia real popularizaron los persas azules durante el siglo XIX, pues se rodearon de ellos.

La reina Victoria estaba enamorada de su gata persa negra y blanca *White Heather*, de la cual no se separaba nunca y que la acompañó hasta la vejez.

Pero no se limitó simplemente a compartir su vida con los gatos persas. La reina patrocinó, en 1871, el primer concurso para gatos en el Palacio de Cristal de Hyde Park, donde ya se había albergado la Gran Exposición de 1851. Bajo el patrocinio real, Harrison Weir —ilustrador británico que fundó el National Cat Club y considerado el padre de *Cat Fancy* en Inglaterra— organizó el certamen.

Cuando la reina murió, junto con su corona, su hijo Eduardo VII heredó a su gata *White Heather*, la cual vivió hasta su último día en el palacio de Buckingham.

Los principios de *White Heather*

Los gatos nos enseñan que para vivir como un rey o una reina hay tres normas que, felinos y humanos, debemos seguir:

1. Nunca vayas a los demás si los demás pueden venir a ti.
2. Quien calla y observa gana ventaja sobre quien habla y se hace ver.
3. Busca la sombra de los verdaderamente poderosos. Quien gestiona un pequeño poder lo convierte en una gran tiranía.

Edward Lear y *Foss*

Este escritor e ilustrador inglés tuvo a un compañero llamado *Foss* al que amó con todo su corazón.

Foss no era el típico gato lustroso. Muchos decían que no era atractivo, que no tenía el pelaje suave. Pero es que *Foss* era un felino callejero que había sido víctima de un criado iracundo que, al verlo husmeando cerca de la casa, decidió cortarle la cola, creyendo que así lo disuadiría de seguir rebuscando y vagabundeando. El gato seguramente escarmentó, pero el hecho es que el escritor lo encontró en la calle y, al verlo, supo que ante sus ojos tenía al amigo que no podía hallar en la especie humana, a su alma gemela.

Foss fue durante dieciséis años un gran amigo para Lear, que se inspiró en su gato para sus ilustraciones y lo inmortalizó en ellas. Hay quien cree que fue su inspiración para *The Pussycat who went sailing with the Owl*, pero tampoco se sabe con exactitud.

Hay una anécdota muy curiosa sobre Lear y *Foos* en la que se cuenta que un día el escritor se compró un abrigo nuevo. Al verlo, *Foss*, mediante maullidos, ronroneos y toques sobre la mesa con sus patitas, le comunicó a su amo que le gustaba mucho ese abrigo y que creía que sería un abrigo perfecto para gato. ¿Qué hizo Lear? Hacerle uno a su medida con la misma tela, algo que demuestra el sentido del humor que el británico compartía con su gato.

Su amor por el pequeño *Foss* quedó demostrado con creces el día en que tuvieron que mudarse. El 1871, Lear se había hecho construir una casa, Villa Emily, en San Remo. Al gato parecía encantarle el lugar; estaba a sus anchas y merodeaba por todas las habitaciones. Pero, al cabo de un tiempo, construyeron un hotel ante la villa, tapando las vistas del Mediterráneo que ambos disfrutaban, y el escritor decidió que había llegado la hora de mudarse. Sin embargo, Lear no quería que su pobre amigo se estresara con el cambio, así que mandó que la nueva casa fuera exactamente igual a la anterior, para que así *Foss* no se diera cuenta.

Dicen que en 1882, el barón Edward Strachey los visitó. Una mañana, durante el desayuno, *Foss* apareció por la ventana y aceptó una tostada que le ofreció su invitado. Cuentan que el gato agradeció con la cabeza ese gesto y que Lear nunca olvidó esa manera que tuvo su felino de aprobar la visita y dar la bienvenida al barón.

Es habitual que cuando el dueño fallece, la mascota muera de tristeza por la pérdida. En el caso de Edward Lear y *Foss*, ocurrió al revés. Cuando *Foss* falleció, Lear no soportó la pérdida de su amigo y se le partió el corazón. Dos meses después, los amigos se volvieron a reunir, esta vez para despedirse del ilustrador.

Un homenaje musical

En 2005, Al Stewart dedicó una canción de su álbum *A Beach Full of Shells* a este gatófilo de pro. En la letra de «Mr. Lear» no falta la referencia a su fiel amigo:

When I was an old man,
I had a cat named Foss.
Now he's gone I wander on
with this unbearable sense of loss.

Winston Churchill y *Jock*

El primer ministro británico más popular del siglo xx, Winston Churchill, fue, además de estadista e historiador, un gran amante de los gatos y siempre se rodeó de ellos. Entre los felinos que compartieron su vida podemos encontrar a *Blackie, Margate, Smokey, Bob, Nelson, Tango, Don Gato* y *Jock*.

Uno de ellos, *Lord Nelson,* era un gato negro que siempre se sentaba a su lado en el Gabinete y también en el Parlamento. No se separaban jamás, hasta que un día un mastín le dio tal bocado que hizo que el animal huyera sin dejar rastro. Nunca más se volvió a saber del pobre gato.

En una ocasión, Churchill tuvo que esconderse en un búnker a causa de los bombardeos, y se refugió en él con *Smokey*, un gato persa un poco salvaje que tenía en esa época. Quería tanto a su mascota que le dejaba dormir incluso en su cama.

Sin embargo, una vez acabó por perder la paciencia con él. Su secretaria explicaba que en una ocasión que Churchill estaba hablando por teléfono con Alan Brooke, jefe del ejército, el gato se acercó a él y le dio un mordisco en el dedo gordo del pie. A causa del susto y el dolor, el buen hombre le gritó al animal «¡Retírate, idiota!», olvidándose de que estaba al teléfono, así que esa frase fue escuchada por Brooke. El dolorido Churchill tuvo que empezar a dar explicaciones para evitar malentendidos.

El primer ministro británico amaba a los gatos sin mesura y los conocía muy bien. Decía que «los perros nos ven como dioses, los caballos como a sus iguales, pero los gatos nos miran como si fuéramos sus súbditos».

Entre los gatos, los que más le apasionaban eran los de color castaño anaranjado. Siempre que tenía uno así lo bautizaba con el nombre de *Jock*, y recibía más mimos y atención que sus otros felinos. Uno de los *Jock* que tuvo solía acompañarle en los consejos de defensa, y durante la Segunda Guerra Mundial, cuando Londres sufrió los bombardeos, su mayor preocupación fue que su querido *Jock* estuviera bien.

El último *Jock* estuvo junto a Churchill hasta que cerró los ojos para no volverlos a abrir. Fue él, y no los médicos, el que mejor supo cuándo le había llegado la hora al primer ministro. El gato no había abandonado la cama de su dueño en ningún momento hasta que, un día, precisamente cuando todo el mundo había dicho que parecía estar mucho mejor, *Jock* abandonó la habitación.

Pocas horas después Churchill falleció.

El arte de la guerra según *Jock*

Los gatos son excelentes estrategas con una habilidad notable para economizar recursos. Es posible que el mismo Sun-Tzú se inspirara en los felinos a la hora de diseñar su célebre tratado bélico, que tiene claras aplicaciones para la vida diaria:

1. La mejor ofensiva empieza con un buen reposo. El gato duerme la mayor parte del tiempo para, llegado el momento, movilizar hasta el último ápice de energía.

2. Los que consumen su energía en pequeñas refriegas y preocupaciones llegan vacíos de energía a la verdadera cita.

3. Los felinos no siempre capturan su presa a la primera. Si se te ha escapado de las manos aquello que anhelabas, descansa satisfecho por el buen intento y empieza a acumular fuerzas para la próxima oportunidad.

Brigitte Bardot

La hermosa actriz francesa es también conocida por ser una activa defensora de los derechos de los animales. Bardot siente un gran respeto y amor por todos los seres vivos y no soporta el sufrimiento al que son expuestos sin razón alguna.

Su amor por los animales se refleja en el hecho de que muy a menudo se la ve rodeada de gatos. Se suele comparar con los felinos, pues dice que ella misma es como un gato transformado en mujer: que ronronea, araña y a veces muerde.

Pero es cuando las cosas se ponen serias que Bardot realmente saca las uñas para defender a sus amigos felinos y al resto de seres vivos. Brigitte Bardot ha intercedido ya por los derechos de gatos y perros callejeros en México y Francia; ha protestado contra el consumo de carne de gato y perro en Corea del Sur, y también ha pedido la abolición de las corridas de toros en España y las peleas de gallos en Francia...

La actriz habla de un mundo ideal en el que podamos compartir la vida junto al resto de seres que conviven con nosotros sin necesidad de lastimarlos. Mira a los ojos de sus compañeros felinos, con los que se siente tan identificada, y se horroriza al saber lo que pueden llegar a sufrir a manos de los hombres.

«Por supuesto que se puede querer más a un gato que a un hombre. De hecho, el hombre es el animal más horrible de la creación», dice la actriz.

Su última aportación a los derechos de sus compañeros felinos ha sido una misiva que ha enviado a los alcaldes de las ciudades más importantes de Francia. En ella propone crear una tasa para los propietarios de gatos y perros. Esta misiva ha sido enviada desde la fundación que lleva su mismo nombre y que trabaja en pro de los derechos de los animales. Bardot está iniciando una campaña nacional para controlar la superpoblación de estas especies y así mejorar su calidad de vida. En su carta pide asimismo esterilizar y vacunar a los gatos callejeros, junto a sus compañeros perrunos, y transformar los refugios de animales abandonados en «centros de salud animal», donde se les esterilice y se les cuide. Además propone que sean tratados como seres vivos y no como bestias, pues los gatos no son tal cosa. En esta misiva reclama un listado de ayudas que, de ser aprobadas, serían buenas tanto para los animales como para las personas.

Brigitte Bardot publicó el libro *Un grito en el silencio*, donde habla de las relaciones que las personas establecen con los animales. Está dedicado a todos los que aman y protegen a estos inestimables compañeros.

Brigitte dijo...

«En el pasado entregué mi belleza y mi juventud a los hombres. Ahora quiero entregar mi sabiduría y mi experiencia a los animales.»

«Lo que no sabía era que, además de enamorarme de los perros, me iba a enamorar de los gatos»

Mónica (periodista)
Gatos: *Nabbuca, Paris* y el resto de la familia animal

Aunque parezca extraño, antes de hablaros de mi gata, os quería hablar de Nina, *la cocker spaniel color canela que llegó a mi casa en 1995, porque fue con ella con quien empezó mi afición, y también la de mi familia, por los animales.*

Nina *llegó por casualidad a nuestro hogar. Mi tía montó un negocio de fotografía y una de sus clientas era la dueña de* Nina. *Por diferentes razones no podía hacerse cargo de la perra, así que nos la quedamos nosotros. Sin embargo, ocurrió algo curioso con ella. Su antigua dueña y yo utilizábamos el mismo perfume, Champagne, de Yves Saint Laurent (ahora llamado Ypresse). El hecho es que* Nina *se había acostumbrado a dormir en la cama de su dueña, pero cuando llegó a casa, ésa fue una de las primeras prohibiciones que le impusimos. Como los perros se orientan por el olfato, y yo llevaba el mismo perfume que su antigua propietaria, me identificó con ella y decidió subirse a mi cama. Y aunque mis padres no estaban de acuerdo, desde el primer día que pisó mi casa hasta el último, durmió a los pies de mi cama. Cuando murió, me costó mucho coger el sueño, porque estaba acostumbrada a tenerla a mis pies, y ahora, en ese mismo lugar, había un gran vacío.*

Nina *fue mamá a los dos años de estar en casa. El padre fue el cocker spaniel negro de la veterinaria. Curiosamente, sólo tuvo una cachorrita a la que llamamos* Ninnette. *Era como su padre, toda negra. Todavía sigue conmigo.* Nina *y* Ninnette *eran las estrellas del barrio. Eran guapísimas y muy divertidas, porque la pequeña seguía a la madre a todas partes y hacía lo mismo que ella. Supongo que por aquel entonces ya se podría decir que me había enamorado de los animales. Lo que no sabía era que, además de enamorarme de los perros, me iba a enamorar de los gatos.*

Con los años, tras fallecer mi padre, mi hermana entró en una depresión y el médico nos recomendó que, para ayudarla a pasar por ese trance, le concediéramos uno de sus deseos: tener un gato. Los jardineros de la casa donde trabajaba mi madre tenían una gata embarazada y nos regalaron una gatita a la que criamos en casa.

La llamamos Nabbuca, *en honor a la ópera que más le gustaba a mi padre. Se entendió a la perfección con las dos perras. Además,* Nabbuca *sentía adoración por* Ninnette, *a la que perseguía por todo el piso. Era muy divertido verlas a las dos juntas. Parecían un dúo cómico.*

Pero la gata no sólo se dedicaba a seguir a Ninnette *por la casa. No. Ella también tomaba sus propias decisiones, y no todas muy acertadas. Recuerdo que tenía una gran habilidad para esconderse en los lugares más insólitos. Una mañana en la que llegaba tarde al trabajo, salí corriendo de casa sin hacer el ritual de cada día. Antes de irme, siempre comprobaba que todas mis pequeñas compañeras estaban bien. Ese día no lo hice.*

Al regresar, me percaté de que Nabbuca *no estaba. Pensé que estaría escondida en cualquier rincón de la casa, así que me dedi-*

qué a buscar por todas partes. La encontré en el tendedero de la galería, pero por el exterior de la casa. Vivimos en un noveno piso, así que, al verla allí, mi corazón dio un vuelco. Sé que los gatos son hábiles, pero la imagen de Nabbuca allí subida me hizo temblar de miedo.

Por desgracia, estas pequeñas criaturas también nos dejan. Nabbuca falleció el año pasado de una enfermedad congénita que desconocíamos. La echamos de menos.

Sin embargo, antes de que esto ocurriera, la familia creció. Por lo visto, tres animales en casa no eran suficientes para nosotras, así que decidimos tener más. Tuve que hacer un reportaje sobre el abandono de animales y, por supuesto, visité una protectora. Allí vi a Lluna, una cocker spaniel blanca y canela de cuatro años, de la que me enamoré al instante. Por lo que nos explicó una chica de la protectora, Lluna había sido maltratada. Sabiendo eso, no dudamos ni un segundo en adoptarla. Se merecía un hogar.

Así que con su llegada, en casa éramos muchas mujeres: mi madre, mi hermana, yo, tres cockers spaniels y una gata. Nos llevábamos muy bien, y cuando nosotras nos teníamos que ir, ellas se hacían compañía. En una ocasión, las descubrimos en el sofá, las cuatro durmiendo bien juntitas.

Tras la muerte de Nabbuca, mi hermana se quedó muy triste, así que decidimos hablar con la protectora, por si tenían alguna gata que pudiera convivir con perros. Y sí, había una. Se llamaba Paris y era una gata blanca y melosa de cuatro años que pasó a formar parte de nuestra familia hace un año. Y quizá porque ha sido la última en llegar o porque es la más jovencita, Paris se ha convertido en la princesa de la casa. Necesita ser el centro de atención, que estés por ella en todo momento.

Normalmente los gatos tienen bastante autonomía, pero Paris es diferente: exige que la acompañes a comer, a beber... Du-

rante las primeras semanas en casa, no soportaba quedarse sola en el salón, donde tiene su camita, y venía a despertarte con maullidos para que le hicieras compañía. Ahora ya se ha acostumbrado a estar sola, aunque sigue reclamando que estés por ella.

Ahora convivimos con Ninnette, Lluna *y* Paris. *Nos llevamos muy bien. No sé si es porque todas somos mujeres, pero hemos creado un vínculo especial y sabemos respetarnos los espacios y hacernos compañía sin casi tener que decir nada. Es bonito llegar a esa clase de compenetración con los animales. Te das cuenta de que, en el fondo, no son tan diferentes a nosotros.*

Emily Bronte y *Tiger*

Muchos han sido los escritores que han tenido una relación especial con los gatos. Las hermanas Bronte no fueron una excepción. Charlotte y Emily compartieron su vida con estos felinos, que parecen haber sido fuente de inspiración para su arte.

Tuvieron un gato que resultó ser muy especial para ellas, al que bautizaron como *Tiger*, y que llegaron a considerar como un compañero y ayudante en sus largas horas de creatividad.

Tiger adoraba a sus dueñas y le encantaba estar con ellas cuando escribían; tanto le gustaba que cuentan que estuvo junto a los pies de Emily mientras escribió su obra maestra, *Cumbres borrascosas*, jugueteando y rascándole los dedos todo el tiempo.

Emily también amaba con locura a *Tiger* y de sus labios sólo salían buenas palabras sobre estos pequeños felinos: «Puedo decir sinceramente que me gustan los gatos. Son los animales con sentimientos más humanitarios que conozco».

Consejos de un gato a un escritor

1. Busca un lugar cálido, no sólo por la temperatura, sino por los objetos que aportan calidez al alma: recuerdos de amigos, libros queridos, discos, recuerdos de viajes, que además pueden servir de inspiración. Ése sería el lugar que elegiría un felino para pasar la tarde.

2. Aborda la escritura con la paciencia con la que un gato mira por la ventana. Si le dedicas el tiempo suficiente, acabarán surgiendo las buenas historias.

3. No mires el correo ni respondas al teléfono mientras escribes. Todo libro en creación es un gato celoso que reclama todas las atenciones para él.

Fernando Sánchez Dragó y *Soseki*

El amor entre el gato *Soseki* y el periodista Fernando Sánchez Dragó ha sido una historia que ha conmovido a toda España. Ha llenado los televisores, las pantallas de los ordenadores, los diarios e incluso las mesas de las librerías.

Sánchez Dragó se ha confesado un enamorado de los felinos durante toda su vida. Llegó a tener hasta treinta gatos mientras residió en Roma. Sin embargo, no fue hasta que conoció a su último gato, *Soseki*, que descubrió la verdadera dimensión de sus sentimientos hacia los felinos.

Soseki convivió con él dos años. Dragó explica que, tanto para él como para su mujer, fue como un hijo.

Este gato nació en Castilfrío, y su nombre rinde homenaje al escritor Natsume Soseki, escritor japonés autor de *Yo, el gato.* Aunque la mujer de Dragó lo llamaba cariñosamente por el diminutivo japonés *Sochan*.

Dragó asegura que *Soseki* era el gato más inteligente que había conocido, «un auténtico aristogato», y que para él esos dos años fueron un gran regalo por poderlos compartir con ese felino tan especial. Explica que se siente afortunado de haber tenido ese tiempo, porque la vida de los gatos, repleta de «curiosidad más valor», acaba a menudo con una muerte violenta.

Recuerda con cariño cómo *Soseki* le observaba mientras escribía con su máquina y cómo estudiaba el mecanismo, hasta que un día lo entendió y empezó a hacerlo él mismo. Dragó llegó a imaginarse a sí mismo con *Soseki*, ambos escribiendo un nuevo *Yo, el gato*, pero esta vez de verdad, con él mismo dedicándole un prólogo. El único inconveniente era que, cuando *Soseki* escribía, Dragó no podía trabajar, aunque eso a él no le importaba porque disfrutaba al ver a su portento felino dándole a las teclas.

El periodista no duda en asegurar que los gatos son los mejores compañeros para un escritor. Explica que hay muchas historias sobre ellos en los libros, y además ¿qué compañero mejor puede haber para un «niño raro» que un «animal raro»? Los gatos son animales que se salen de la norma, su comportamiento e inteligencia así lo demuestran, no puedes hacerles pasar por el aro como a otros, y eso les hace realmente especiales.

Dragó llevaba a *Soseki* a su programa de televisión. Esas imágenes aparecían después en otros programas y también en Internet, y además él hablaba sobre su gato en su *blog*. Eso demostraba lo orgulloso que estaba de su querido *Soseki*, y fue algo que lo convirtió en el gato más famoso de España.

Dragó estaba loco por él; sus propias palabras lo demuestran: «Lo adoro. Estoy encoñado. ¡Ni que fuese un bebé o una chavala! Es guapísimo. Lo llevo a todas partes. Estuvo en la feria de Sevilla. Lo tengo ahora a mi vera, recostado en la máquina. No podría ni sabría vivir sin él».

Y sí, lo llevó a Sevilla en el AVE, con billete propio y en primera, porque *Soseki* era el rey de la casa, la niña de sus ojos. Los gastos fueron a cargo del Club Liberal de Cádiz, tanto los de la ida como los de la vuelta.

Pero llegó el fatídico día de la separación y *Soseki* murió en lo que, Dragó asegura, fue una inmolación. Explica que su gato poseía el conocimiento que también poseían los guerreros numantinos y por eso, al saber que llegaba su hora, se despidió de todos. Se pasó la mañana haciéndoles más mimos que de costumbre, tantos que hasta se preguntaron si le ocurría algo; después se precipitó a lo inevitable.

Ante la pregunta de por qué hizo algo así, Dragó responde que fue para salvar a su nieta Caterina. Y explica que, tras la muerte de *Soseki*, se han arreglado los problemas que tenía el montacargas que lo mató, para así evitar futuros accidentes.

Cuando Dragó recibió la noticia, quedó destrozado, lloró más que el día en que murió su madre. Ella se marchó poco a poco, se veía venir. En cambio, con *Soseki* todo fue diferente; se trataba de un ser que formaba parte de la vida de Dragó y de su mujer, y el dolor fue para ambos. Él se encerró en la escritura para tratar de superarlo.

Primero, con el llanto a flor de piel, escribió un artículo que le publicó *El Mundo*, y a partir de todas las respuestas, cartas y *mails* que recibió, se embarcó en la novela que recibiría el mismo título de aquel obituario a su querido gato: *Soseki. Mortal y tigre.* «*Soseki* había dejado de ser mortal y era ya todo lo contrario.»

El banquete del gato

«Tenía que decidirme. Y me decidí. Dejé caer el peso de mi cuerpo sobre el tazón y mordí, no más de una pulgada, una esquina del mochi. Con la fuerza que hice hubiera sido capaz de partir cualquier cosa. Pero quedé aterrorizado cuando, creyendo que ya tenía suficiente, traté de separar los dientes de la masa glutinosa. Noté que los dientes se me habían quedado hundidos. Quise clavarlos de nuevo, pero me era imposible mover la dentadura. Cuando me di cuenta de que el mochi poseía un hechizo especial, ya era tarde. Lo mismo que un hombre caído en una ciénaga se hunde más cuanto mayores esfuerzos hace por sacar los pies, así yo, cuanto más mordía, mayor peso sentía en la boca. Se me habían inmovilizado los dientes. Una fuerza resistía a mis mandíbulas. Por causa de esa fuerza, no encontraba medio de salir de aquel atolladero...»

NATSUME SOSEKI, *Yo, el gato*

Martha Stewart y los gatos Himalaya

La empresaria y presentadora Martha Stewart es una amante de los animales en general y, en especial, de los gatos. Vive en una casa que, para muchos, podría ser considerada como un zoológico de fauna exótica.

Es una vivienda de habitaciones pequeñas, a la que puede accederse con facilidad. Todo está bien ordenado y resulta hogareña, pero cuando uno se da cuenta de la cantidad de animales que la habitan, puede llegar a sentirse abrumado.

Martha tiene dos perros Chow Chow, un bulldog francés, siete gatos Himalaya, además de caballos y pájaros.

Stewart explica que antes tenía prendas hechas con pieles auténticas, hasta que se enteró de cómo las conseguían. Desde ese momento se convirtió en una ferviente luchadora a favor de los derechos de los animales.

Martha tiene dos gatas, *Teeny* y *Weeny*, y cinco gatos, todos ellos con nombres de compositores famosos: *Mozart, Verdi, Vivaldi, Berlioz* y *Bartók*. Todos pertenecen a la raza Himalaya, una casta de gatos de los que la empresaria está completamente prendada.

En la casa, además de gatos y perros, habitan un montón de canarios —el número cambia según la estación— que cantan desde sus jaulas de anticuario.

Martha Stewart cree que sus gatos son preciosos y por eso

los expone en sus anuncios, en sus demostraciones televisivas e incluso en las redes sociales de Internet.

Sin embargo, como toda relación de amor, la relación de Martha con sus gatos no está exenta de preocupaciones. Confiesa que siempre está atenta a todos los ruidos, preocupada porque no se le escape algún maullido que denote queja o solicite ayuda. Y es normal que se preocupe, pues uno de los gatos que tuvo, *Beethoven*, se escapó sin que ella se diera cuenta y lo atropelló un coche. Así que ahora cuida y se ocupa de ellos a todas horas, con un amor incondicional y lleno de mimo.

Los gatos y la música

Los que conviven con felinos saben que éstos son sensibles a la música y tienen claras sus preferencias. Si al gato le gusta una pieza, se quedará muy quieto en su lugar de descanso. En cambio, si le parece demasiado estridente, se levantará de inmediato para refugiarse en un lugar más tranquilo.

Recientemente, en Estados Unidos se ha comercializado un disco para gatos que lleva vendidos más de medio millón de copias.

Joyce Carol Oates y *Christabel*

He aquí la entrañable historia de la conocida y productiva escritora Joyce Carol Oates y su gata *Christabel*.

Oates es conocida como una escritora que nunca descansa; siempre está trabajando, su mente nunca cesa de inventar, y publica obras nuevas a una gran velocidad. Además, colabora en distintos medios de comunicación y literarios. Esta abundancia creativa podría resultar extraña, pero ella asegura que tiene una musa muy especial.

Escribe a mano en cuadernos que guarda como guía y después en una máquina de escribir eléctrica. Se sienta en su estudio o en las escaleras, siempre contemplando el jardín, y empieza a trabajar sobre una nueva idea.

Hasta aquí, podría parecer una rutina habitual en cualquier escritor, pues todos tienen sus espacios predilectos para pensar y escribir. Pero en esa imagen falta un detalle, el más importante para comprender la capacidad creativa de Oates. Si diéramos una vuelta por su estudio veríamos objetos habituales en la estancia de un escritor: papeles, libros, un ejemplar de *Alicia en el País de las Maravillas* que su madre le regaló a los ocho años…, pero también encontraríamos algo más: en un rincón hay dos cuencos, uno para el agua y otro para la comida de su gata de pelo largo *Christabel*.

Cuando *Christabel* ve que su dueña se sienta a escribir, no duda un segundo en subir a su regazo, donde se acurruca y empieza a ronronear.

La escritora explica que está acostumbrada a las críticas de su gata, que normalmente muestra poco interés en su trabajo, pero en esa costumbre está la clave de todo. Cuando alguien le pregunta cómo es posible que haya publicado más de setenta obras, ella responde: «*Christabel* duerme y ronronea en mi regazo. Puedo estar trabajando horas porque ella no quiere levantarse aún. Y entonces ahí está, otro día se ha ido y una nueva novela ha empezado».

Christabel, maestra de zen

En una era dominada por las prisas y la inmediatez, los gatos nos enseñan el arte de la calma y la contemplación. Tras una jornada de urgencias varias, un gato en el regazo es una invitación a volver a la lentitud y la reflexión. Nos contagiamos de su suave ronroneo y nos entregamos a actividades más tranquilas: escribir, leer, escuchar música, recordar, o sencillamente disfrutar del momento. Los gatos son verdaderos maestros de zen y un contrapeso al ridículo correr de un lado para otro que caracteriza nuestra rutina.

«Llegamos a la conclusión de que teníamos una gata virtuosa»

Marisa (editora)
Gata: *Lilú*

Reconozco que los animales me encantan —bueno, con excepción de los insectos, gusanos y similares, que no son precisamente de mi agrado—, pero siempre creí que los dueños de mascotas exageraban al comentar las virtudes de sus animales. Relataban sus proezas con tal alegría, poniendo tanto énfasis, que parecían propias. Esas demostraciones de orgullo se me antojaban fruto de un excesivo apego al animal o, tal vez, de una necesidad de proyectar en él ciertas cualidades humanas. No es de extrañar que muchos humanos les otorguen a sus mascotas cierto carácter filial o, como mínimo, familiar. Es habitual escuchar un «Ven a comer tu comidita, papito».

Los animales siempre me han gustado. Y de entre todos ellos, los que más fascinación han despertado en mí han sido los felinos y, en especial, los más pequeños de la familia. Leonardo da Vinci ya lo dijo mejor que yo: «El más pequeño de los gatos es una obra maestra».

Y de entre todos los gatos del mundo, debo reconocer que hay uno que siempre me ha cautivado: el siamés.

Supongo que por eso era inevitable que un día se cruzara un siamés en mi camino. Ocurrió una destemplada noche de otoño en *Buenos Aires, cerca de una estación de tren. Yo volvía del dentista y, como es lógico tras un encuentro tan poco divertido, estaba algo necesitada de consuelo, o al menos de sonrisas, cuando vagando por las calles ensimismada en mis pensamientos, oí algo. Un maullido.*

Busqué el lugar del que provenía y ahí estaba. La vi sobre la tapa de una caja de zapatos, sin nadie que la cuidara, ni que la vigilara, ni mucho menos que la alimentara. Y fue así como, bajo la noche rioplatense, me enamoré de ella. Fue un flechazo inmediato.

En muchas ocasiones había oído decir que los siameses son muy parlanchines, pero ese tipo de apreciaciones siempre venían de dueños de mascotas, y como ya he dicho antes, ese tipo de opiniones las ponía casi siempre en duda. Pero pronto mi duda quedó resuelta.

Lilú, así llamamos a nuestra pequeña siamesa —le pusimos ese nombre en honor al simpático extraterrestre que interpreta Milla Jovovich en la película de Luc Besson El quinto elemento, *Leeloo, pues ambos tienen unos inmensos ojos azules—, resultó ser bastante conversadora. Lo que no podíamos esperar era que pudiera llegar al virtuosismo con el que nos sorprendió.*

Poco tiempo después de su llegada a nuestra casa, Lilú empezó a demostrar su carácter. Por ejemplo, cuando quería estar en un lugar concreto, como por ejemplo sobre la mesa justo cuando ya estaba preparada para la cena, por mucho que insistieras en que bajara, ella seguía ahí, en sus trece. Era difícil convencerla, por lo que teníamos que iniciar un diálogo muy curioso en el que nosotros debíamos interpretar sus maullidos.

Le decíamos, señalando el suelo con el dedo: «Lilú, bájate. ¡Bájate!» Y ella, mientras fruncía el hocico y movía los bigotes, argumentaba: «Mrruaa... mruaj... maj... maj... Rrruaj... mña... mñaj...», que, según la entonación y la cadencia que empleaba, parecía la típica frase que dice un niño cuando sus padres le piden que deje de jugar. Lilú parecía estar diciéndonos: «Por favor, por favor, déjame aquí un poquito más, ¿sí?, ¿sí?»

Todo esto, por supuesto, sin bajar de la mesa. Y nosotros volvíamos a la carga. No es que hubiera muchos argumentos, pero insistíamos: «Bájate... Vamos, baja...»

Y ella, remarcando su movimiento de bigotes y mostrándonos una trabajada mirada de inocencia, contestaba: «Mmmuau... maj... muarruaj... mñaj... mñaj...», que traducido a lenguaje humano sería: «Oh, por favor, déjame, déjame..., por favor, ¿sí?»

Y, por supuesto, de bajarse de la mesa, ni hablar.

Claro, ante esta reacción felina, ¿qué hacíamos nosotros? Pues disimular un poco la risa hasta que era demasiado tarde y entrábamos en el ataque irrefrenable. Y ya está: pérdida absoluta de autoridad.

¿Qué podíamos hacer dos simples humanos, con nuestras limitaciones que nos impedían utilizar otro método de persuasión, ante una gata con semejantes virtudes verbales? Pues llegar a la conclusión de que teníamos una gata virtuosa, y le hacíamos repetir la secuencia una y otra vez, para que nuestros amigos gatófilos pudieran presenciar sus proezas lingüísticas. Perplejos, nuestros invitados observaban a la gata parlotear, para acabar también desternillándose de risa.

Uno de sus escondites favoritos eran los armarios donde guardábamos la ropa, así que había que ir con cuidado para no cerrar la puerta con ella dentro y también armarse de paciencia para intentar convencerla de que saliera. Estaba tan acostumbrada al estira y afloja a la hora de salir del armario que, apenas abríamos la puerta, ya iniciaba su argumentación: «Dejadme aquí, por favor, ¿sí?, ¿sí?»

Lilú nos dejó hace un año, y la extrañamos inmensamente.

Vivien Leigh y *Poo Jones*

La actriz protagonista de *Lo que el viento se llevó*, Vivien Leigh, estaba absolutamente loca por los felinos. Ella y su marido, Laurence Olivier, llegaron a tener dieciséis gatos repartidos entre su casa y su apartamento.

Su amistad con estos animales empezó a fraguarse en su más tierna infancia. Nació y se crió como una princesa. Luego, con seis años, fue enviada a Inglaterra para acabar sus estudios en un internado de monjas. Fue allí donde conoció a su primer amigo: un gato.

Más tarde, Vivien, quien ya perseguía con fervor su sueño de ser actriz, desarrolló su pasión por los siameses, de los cuales decía: «Una vez que hayas vivido con un siamés, no querrás tener gato de ninguna otra clase. Son unos maravillosos animales domésticos, tan inteligentes que te siguen como perritos. Aunque tienen fama de delicados, no son difíciles de criar».

A lo largo de su vida tuvo muchos gatos, entre ellos a *Tissy*, *New Boy*, *Armando*, *Poo Jones*, *Nicholas*, *Snow*, *Christmas*… Aunque los más importantes para ella fueron los cuatro primeros.

Cuando la pareja de actores empezó a vivir en su nueva casa, adoptaron a una gatita de rayas llamada *Tissy*. Vivien pasaba todas las tardes jugando con ella, leyendo a Dickens con la gata ronroneando en su regazo, mientras ambas esperaban a que Laurence llegara.

Su segundo gatito, *New Boy*, era un siamés que la acompañaba en todos sus viajes y que siempre iba engalanado con un precioso collar. Pero un terrible día, mientras sus dueños estaban de viaje, lo atropellaron.

A *New Boy* le siguió otro siamés, *Armando*, que se le parecía mucho y llevaba un collar muy semejante al suyo.

El último gato de Vivien, y al que adoró con locura, fue *Poo Jones*, otro siamés que la acompañó hasta que ella cerró los ojos por última vez. Ese día, el gato la cuidó y vigiló tumbado junto a ella, en la cama. *Poo Jones* tenía unos increíbles ojos violetas que volvían loca a Vivien. Lo bautizó con ese nombre por Jone Harris, a quien ella admiraba profundamente.

Poo viajaba con la actriz y la acompañaba en sus escapadas en barco, donde le gustaba asomarse a cubierta para que le diera la brisa salada. A ella le encantaba disfrutar de su compañía, así que le permitía todos sus caprichos, desde dormir sobre sus hombros, hasta acompañarla al teatro. *Poo Jones* tenía la curiosa capacidad de dormir entre actos y volver a despertar en cuanto ella regresaba.

Cuando Vivien murió, *Poo* pasó una temporada con la dama de llaves de su dueña y, cuando ésta falleció, cuidó de él Peter Hiley.

Pero además de ser recordada por su amor a los gatos, la actriz se hizo famosa por su magnífica sonrisa y su mirada. Dicen que fue precisamente esa mirada de gata lo que hizo que le dieran su papel en *Lo que el viento se llevó*.

Según cuentan, cuando Vivien Leigh fue a conocer al hermano del productor, éste se quedó tan encandilado por su sonrisa «de gato de Cheshire» y sus ojos felinos que supo al instante que ante él tenía a la actriz idónea para el papel.

Las personas la recuerdan como una mujer de gran generosidad y determinación, siempre rodeada de preciosos arreglos florales y de gatos, y con esa elegancia que desprendía, como si se tratara de una gata siamesa.

Lo que enseñó a Alicia el gato de Cheshire

Este pasaje de la célebre obra de Lewis Carroll es un momento lleno de significado, puesto que el felino apunta a una cuestión esencial en la existencia humana: la búsqueda de sentido.

—¿Adónde ir? —preguntó Alicia

—Eso depende en gran parte del sitio al que quieras llegar —contestó el gato de Cheshire.

—No me importa mucho el sitio... —dijo Alicia.

—Entonces tampoco importa mucho el camino que tomes —dijo el gato.

—... siempre que llegue a alguna parte —añadió Alicia rápidamente como explicación.

—¡Oh!, siempre llegarás a alguna parte —aseguró el gato.

Freddie Mercury y *Delilah*

El carismático cantante de Queen fue, desde niño, un ferviente amante de los gatos. Durante toda su vida estuvo acompañado por esos adorables felinos; pero a veces fueron tantos los que tuvo al mismo tiempo que es difícil reunir todos los nombres. Algunos de ellos fueron *Tom, Jerry, Oscar, Tiffany, Delilah, Goliat, Miko, Romeo* y *Lily*.

Pero aun habiendo tenido tantos gatos Freddie los quiso a todos con pasión. Según aseguraban los que le conocían, el cantante estaba dispuesto a hacer todo lo que fuera necesario por sus compañeros felinos, y para él eran tan especiales como cualquier persona. Cuando se trataba de sus amigos, no hacía diferencias entre especies.

En la vida del cantante los gatos eran muy importantes, tanto que cada Navidad, cuando hacía todos los preparativos para el árbol, incluía regalos para cada uno de ellos. Quizá sus gatos no pudieran comprender el simbolismo de las fiestas navideñas, pero lo que sí hacían, gracias al músico, era disfrutar junto a él en un día tan especial; eran como una gran familia.

Todo el mundo conocía su pasión por los felinos. Cuentan que una de sus parejas sentimentales, sabiendo cuánto le fascinaban esos animales, le regaló un gatito. Cuando se separaron, ambos acordaron que el gato se quedara con Freddie, ya que cualquier otra opción les hubiera roto el corazón a los dos.

Freddie se ausentaba mucho de su casa de Londres a causa de su trabajo, y siempre que se iba dejaba el hogar a disposición de sus gatos para que estuvieran cómodos. Sus mascotas, a pesar de poder ocupar toda la casa, pasaban la mayor parte del tiempo en la cama del cantante, esperándole y remoloneando.

Las giras lo mantenían alejado del hogar más de lo que él hubiera querido, ya que añoraba a sus amigos de cuatro patas. Por eso mismo, cuando estaba fuera, llamaba a su ex amante y amiga Mary Austin, quien se encargaba de cuidarlos en su ausencia, y le pedía que los pusiera al teléfono. Así, Freddie hablaba con ellos y oía sus maullidos, sintiéndose de esta manera un poco menos lejos de ellos.

El cantante tuvo un estudio en Nueva York y también vivió una temporada en Alemania, pero en ninguno de estos lugares tuvo gatos. Por eso, cuando volvía a Londres con sus pequeños amigos, sentía que había regresado a su verdadero hogar.

En lo referente a su arte, Freddie dedicó su primer disco en solitario, *Mr. Bad Guy*, a uno de sus felinos, y a su gata favorita, *Delilah*, le compuso la famosa canción que lleva su nombre:

Delilah

Delilah, Delilah, oh, my, oh, my, oh, my, you're irresistible.
You make me smile when I'm just about to cry.
You bring me hope, you make me laugh, you like it.
You get away with murder, so innocent.
But when you throw a moody you're all claws and you bite.
That's alright!

Delilah, Delilah, oh, my, oh, my, oh, my, you're unpredictable.
You make me so very happy
when you cuddle up and go to sleep beside me.
And then you make me slightly mad
when you pee all over my Chippendale Suite.

Delilah, Delilah,
hey, hey, hey.

You take over my house and home,
you even try to answer my telephone.
Delilah, you're the apple of my eyes.
Meeow, meeow, meeow,
Delilah, I love you.
Oh, you make me so very happy, you give me kisses
and I go out of my mind, ooh.
Meeow, meeow, meeow, meeow,
you're irresistible. I love you Delilah.
Delilah, I love you.
Oooh, I love your kisses.
Oooh, I love your kisses.

Delilah (traducción)

Dalilah, Dalilah, huy, huy, huy, eres irresistible.
Me haces sonreír cuando estoy a punto de llorar.
Me das esperanza, me haces reír, y me gusta.
Cometes crímenes impunemente, tan inocente.
Pero cuando te da, eres toda garras y muerdes.
¡No pasa nada!

Dalilah, Dalilah, huy, huy, huy, eres impredecible.
Me haces tan feliz
cuando te acurrucas y te duermes a mi lado.
Y entonces me haces enfadar un poquito
cuando te meas en mi suite Chippendale.
Dalilah, Dalilah,
hey, hey, hey.

Te has adueñado de mi casa y de mi hogar,
incluso intentas contestar mi teléfono.
Dalilah, eres la niña de mis ojos.
Miau, miau, miau.
Dalilah, te quiero.
Oh, me haces tan feliz, me das besitos
y me vuelvo loco, ooh.
Miau, miau, miau, miau.
Eres irresistible, te quiero, Dalilah.
Dalilah, te quiero.
Oooh, me encantan tus besitos.
Oooh, me encantan tus besitos.

En las últimas horas de Freddie, cuando el sida le estaba robando la vida, *Delilah* no se separó en ningún momento de él. Se sentó en su cama, junto a su amigo, para hacerle compañía en su último viaje.

Actualmente, su amiga Mary Austin cuida de todos sus gatos con el mismo afecto con el que lo habría hecho Freddie Mercury.

El gato que olía las despedidas

Recientemente se ha publicado un libro dedicado a *Oscar*, un gato residente en un geriátrico de Estados Unidos donde ha demostrado poder predecir la muerte inminente de una persona. Esta mascota identifica a los internos que están a punto de fallecer y no se separa de ellos. Una reputada revista médica ha confirmado veinticinco diagnósticos de defunción por parte de este gato.

«Se les coge cariño a estos bichejos»

Rubén (cantautor)
Gato: *Yosi*

La primera vez que vi a Yosi —bueno, todavía no tenía ese nombre por entonces— fue en una tienda de animales. Estaba entre una camada de gatos que tenían en una jaula. Todos eran guapísimos, pero él me llamó especialmente la atención.

Supongo que fue la pose que tenía, como manteniendo a todos los otros pequeños a raya. Me gustó que tuviera un carácter tan marcado desde pequeñajo. La dueña de la tienda me dijo que acertaba con mi apreciación. Ese gatito precisamente era «el hermano mayor» de la camada, o al menos se comportaba como tal.

Esto sucedió cuando se aproximaban las fiestas de Navidad. Yo tenía quince años y sólo verlo quise llevármelo al instante. Pero no podía hacerlo sin más, porque en casa recibiría un «no» rotundo de mis padres, así que tuve que ingeniar un plan para que el pequeño Yosi pudiera venir conmigo. Decidí aprovechar esas fiestas señaladas como excusa para comprar ese gatito: sería el regalo de mi padre.

Recuerdo que pedí en la tienda si me lo podían guardar un par de días y lo fui a buscar el 24 de diciembre por la tarde. Me lo llevé dentro de la chaqueta, con las patas traseras por dentro del principio de la manga, es decir, en mi sobaco, y sacando la cabeza por el cuello de mi chaqueta. Siempre lo recordaré, porque esa miniatura luego llegó a pesar nueve quilos.

Al llegar a casa de mis padres, lo escondí en la sala de estar y a la hora del café lo saqué con un bonito lazo rojo en el cuello. Era desproporcionadamente grande en comparación con el tamaño de Yosi, pero le quedaba de maravilla, sobre todo por contraste con el color negro de su pelo. Al ver que le ponía ese inmenso lazo se quedó algo perplejo, e incluso asustado, pero fue al encontrar a toda la familia alrededor de la mesa cuando se asustó de verdad.

El gran «oooooh» tampoco ayudó a que el pobre Yosi se tranquilizara, seguramente en ese momento pensó: «¿Qué estoy haciendo yo aquí?»

La mejor descripción de Yosi nos la dio un amigo de mis padres. Solemos pasar los veranos en un camping, en Tossa de Mar, y allí siempre dejábamos al gato suelto. No se movía de la parcela cuando mis padres estaban en ella, o cuando salían a dar una vuelta, a la playa o a charlar con los amigos. Sólo cuando llegaba la noche y mis padres se acostaban, Yosi se atrevía a abandonar «el hogar» y no volvía hasta la mañana siguiente.

Bueno, también salía de la parcela en otras circunstancias, y era para seguir a mis padres cuando iban al lavabo. En el camping tenían que caminar unos cincuenta metros para llegar hasta los servicios, y por alguna razón, Yosi siempre sabía cuándo se dirigían allí, porque los seguía hasta la puerta, los esperaba, y los volvía a seguir hasta la parcela sin perderlos de vista.

Nadie supo nunca cómo lo sabía, pero lo sabía. Un amigo y vecino de parcela dijo: «Este gato tiene algo de perro». Y creo que era la mejor manera de definir a Yosi.

Su relación conmigo siempre fue muy diferente a la que tuvo con mis padres. Podríamos decir que a mí me respetaba más.

A mi padre siempre le pedía comida. Lo hacía de forma insistente; cuando llegaba a casa del trabajo, Yosi se acercaba a él, primero para saludarle, pero luego lo perseguía por la casa mau-

llando sin parar, hasta que mi padre suspiraba, cedía y le daba comida. También se subía en la cama de mis padres, a eso de las seis o las siete de la mañana, sin respetar fines de semana ni festivos, y se colocaba entre los dos, o cerca de las almohadas, a maullar y maullar hasta que se despertaban. Muchas veces encendía la luz de la mesita de noche con la pata.

Es curioso cómo algunos gatos descubren el funcionamiento de las lámparas y el efecto que la luz tiene en sus amos cuando están durmiendo. Me hacía mucha gracia pensar en Yosi dirigiéndose a la mesilla de noche sabiendo que si encendía la lámpara conseguiría que mis padres se despertaran. Era muy inteligente.

Pero conmigo era todo diferente. También era cariñoso, pero sabía que, por más que me pidiera comida, no se la daba si no tocaba, así que ni lo intentaba.

Eso sí, cuando decidía entrar en mi habitación —algo que no hacía muy a menudo—, se quedaba al lado de mi cama y maullaba dos veces, como pidiéndome permiso para subir. Si le decía que sí, saltaba y se acurrucaba en mis pies y nos hacíamos compañía. Si no le respondía, se iba. Nos entendíamos a la perfección y nos respetábamos. Había cierta complicidad silenciosa. No necesitaba estar constantemente a mi lado para demostrarme su cariño, y a mí me sucedía lo mismo con él.

Yosi tenía quince años cuando tuvimos que sacrificarlo, hace unos meses. En dos semanas pasó de ser un gato de nueve kilos, vital y cariñoso con el primero que entraba en casa, a convertirse en un alma en pena, enclenque y de pupilas dilatadas que se retorcía de dolor por los rincones. La decisión fue muy dura, pero no podía seguir sufriendo.

Se le echa mucho de menos. Y es que se les coge cariño a esos bichejos.

John Fitzgerald Kennedy
y *Tom Kitten*

El presidente más joven de Estados Unidos tenía cuarenta y tres años cuando subió al poder, en 1961. Se trataba de John Fitzgerald Kennedy, uno de los iconos de la historia moderna.

Gran apasionado de los animales, había tenido pájaros, perros, conejos, caballos, hámsteres… Pero, entre todos los animales que tuvo como mascotas, hubo uno al que le tomó especial cariño: *Tom Kitten*, el gato de la familia.

Curiosamente, Kennedy sufría ciertos episodios alérgicos, por lo que a veces el gato debía salir de la Casa Blanca e instalarse con la secretaria de prensa de la primera dama. Sin embargo, eso no hacía que el gato fuera menos querido tanto por el presidente como por toda su familia.

Cuando *Tom Kitten* murió, Kennedy se quedó deshecho y mandó publicar una nota en el *Washington Post* que decía: «Contrariamente a los humanos en su posición, *Kitten* no escribió sus memorias ni buscó sacar provecho de su estancia en la Casa Blanca».

Lo que Kennedy aprendió de *Tom Kitten*

1. Perdona a tus enemigos, pero nunca olvides sus caras.
2. El mejor camino al progreso es el de la libertad.
3. Toda acción tiene riesgos y costes, pero más riesgos y costes tiene la inacción.

Cleopatra y *Charmaine*

Los gatos eran considerados en el Antiguo Egipto animales sagrados. Se cree que se convirtieron en objeto de culto porque se los asociaba a Bastet, la diosa de la fertilidad que protegía a las embarazadas de los malos espíritus. Existía la creencia de que, a través de los ojos de los felinos, la diosa podía observar el alma humana. Eran tan importantes en la sociedad egipcia que si un gato doméstico moría la familia entera guardaba luto.

Las leyes que regían el trato con los gatos eran muy estrictas. Matar a un gato, fuese accidentalmente o no, era considerado un crimen peor que matar a un hombre, y siempre se condenaba con la muerte.

Esta ley era tan estricta que el padre de Cleopatra, Tolomeo XII, tuvo que permitir al pueblo que linchara a un romano que había matado a un gato sin querer, ya que ni el mismísimo rey podía indultar dicho crimen.

Cuando un niño nacía en Egipto, su vida era puesta al servicio y cuidado de un gato, y llevaba colgado un medallón con la imagen del animal durante toda su vida.

Si se producía alguna catástrofe, al primero que debía ponerse a salvo era al gato. En el caso de que algún felino saliera de las fronteras de la ciudad, había que ir a buscarlo y traerlo sano y salvo de regreso. Cuando un gato moría, era momificado como si de un faraón se tratara.

Cleopatra siguió fielmente esta tradición egipcia de rendir pleitesía a los gatos. Ella adoraba literalmente a su gata *Char-*

maine. La bella egipcia se consideraba descendiente de los gatos, y admiraba su porte, sus ojos y su nobleza. Por eso intentaba imitar el aspecto de los felinos, procurando que sus rasgos faciales y su comportamiento se asemejara al de estos animales.

Llevaba a su gata con ella a todas partes y la mantenía a su lado en las reuniones, ya que creía que le confería poder. Cleopatra pensaba que si lograba parecerse un poco más a su gata *Charmaine* estaría más cerca de ser una diosa.

Los trucos de belleza de *Charmaine*

1. Tus ojos son tus diamantes y el escaparate de tu alma. Cuídalos con largas horas de descanso —es el secreto de las modelos— y, si lo crees necesario, con un maquillaje suave que acentúe su belleza.
2. Mira a los demás a los ojos, pero no demasiado tiempo, ya que pueden incomodarse. Una mirada de un segundo basta para prender el alma del otro.
3. Estiliza tu postura y tus movimientos. Para caminar como un gato, debe parecer que tus pies no tocan el suelo.
4. Déjate admirar discretamente, como si no te dieras cuenta de que eres el centro de atención.

Alejandro Jodorowsky y *Kazán*

Este artista polifacético y creador de la psicomagia se ha confesado siempre un hombre de gatos.

Jodorowsky ve en el felino a un gran compañero para su propio crecimiento. Sin embargo, advierte que, a pesar de que quiere profundamente a sus gatos, no los confunde con hijos, algo que ocurre muy a menudo a algunas personas.

Algunos seres humanos confunden los afectos y cambian los roles en el momento en que adoptan a un animal doméstico. Estas personas pueden acabar desarrollando una fobia hacia el resto de seres humanos, y eso no es saludable. Un gato debe ser siempre un compañero para el crecimiento y el amor mutuo, nunca una herramienta para llenar un vacío.

Cuando trabaja, Jodorowsky siempre reserva una hora para relajarse y jugar con sus gatos. Ha llegado a tener cinco a la vez: *Noé, Moishe, Pollux, Mirra* y *Kazán*.

Su gato predilecto es *Kazán*, que le acompaña en la fotografía del libro *La danza de la realidad*. Jodorowsky explica que ha conocido muchos gatos en su vida, pero que *Kazán* es el gato más inteligente que ha visto; quizá por eso le ha robado el corazón.

El psicomago siempre ha vivido acompañado por gatos y plantas, porque considera esencial mantenerse en contacto con la naturaleza. Además de convivir con su adorado *Kazán* y sus cuatro hermanitos, también lo hace con un bonsái al que llama *Satoichi* y al que ha liberado, dejándolo crecer sin podarlo, para que se convierta en aquello que deseaba ser, sin ningún límite impuesto.

Este tipo de libertad es la que también disfrutan sus compañeros felinos, pues Jodorowsky deja que demuestren su alegría con mimos, ronroneos y juegos por toda la casa, sin necesidad de esconder su naturaleza: «Pueden dormir donde quieran, subir a la mesa mientras como, dormir conmigo, serán siempre tratados con cariño y respeto...», asegura.

Pero toda convivencia tiene un punto de tristeza: la enfermedad, el adiós... El artista tenía un gato llamado *Mao* al que amaba con locura.

Cuenta Jodorowsky que este felino vivió con él veinte años; ambos tenían una relación muy especial. Poco a poco, *Mao* fue envejeciendo y enfermando, y como él no podía hacer otra cosa, se limitó a quererlo y a cuidar de él con todo su corazón, hasta su último día.

El padre de la psicomagia afirma que cuando su padre murió, a la edad de cien años, sólo sintió indiferencia. Cuando su gato *Mao* exhaló el último suspiro, después de haber pasado veinte años a su lado, sintió en cambio que algo se rompía en su interior y lloró sin poder contenerse.

Había perdido a un verdadero amigo.

El psicomago y los gatos

Este sabio y creador heterodoxo reconocía en una entrevista que, tras una jornada de intenso trabajo, se regala una hora para jugar con sus gatos, que observan curiosos los trucos de su amo desde el sofá del salón. ¿Le habrán revelado ellos las claves de la psicomagia?

«Entonces pensé que quizás el gato había notado algo que yo no podía notar: mi hijo estaba en camino»

Nuria (maestra)
Gatos: *Mixu* y *Tara*

Mixu *llegó a mi vida hace seis años, cuando Tigressa, su madre, parió en medio de la montaña. Fue en Can Girona, una casa de colonias de Sant Fost de Campcentelles donde yo estaba trabajando. Entre toda la camada, me fijé en un gato negro, no muy agraciado, lleno de legañas. Decidí que, si podía, me quedaría con él.*

Supongo que me enamoré de él porque era el típico gato negro de bruja y siempre me ha gustado pensar que en el mundo hay más cosas de las que podemos ver. Estaba convencida de que en él había mucho más de lo que se podía intuir por su aspecto.

La gente que había en la casa de colonias se fue llevando las crías, hasta que sólo quedó uno, que era aquél del que yo me había enamorado. Sin embargo, cuando fui a buscarlo, la madre y la cría habían desaparecido. Seguramente la madre no quería ver cómo se llevaban a su último pequeño, y por eso lo había escondido. Pero lo encontré y se vino a casa conmigo.

Nunca he sabido si Tigressa decidió maldecirme a mí y al pequeño, pero lo cierto es que la infancia de Mixu fue algo compli-

cada. Tuvo problemas de salud, constipados, conjuntivitis... Pero todo se fue solucionando.

Un día decidí llevarlo a que viera a su madre, para que ella comprobara lo hermoso que estaba creciendo. Pero el encuentro fue muy desagradable. Esperaba que reaccionara con afecto, pero Tigressa recibió a Mixu con un bufido y sacando las uñas. Lo rechazó como si no se tratara de su pequeño. Me dolió mucho ver esa reacción y me sentí culpable. Quizás a raíz de ese encuentro tan triste, Mixu fue adquiriendo un carácter bastante arisco.

Tras esa visita, mi gato se acostumbró a ocultarse tras las puertas y a saltar por sorpresa sobre los desprevenidos que entraban en casa. También se aficionó a saltar sobre mi espalda cuando estaba trabajando en el ordenador, para practicar la escalada humana.

Ese comportamiento duró un año o así y también lo puso en práctica con mi pareja, Jordi. Cuando él estaba durmiendo, aprovechaba para saltar sobre la cama y morderle los dedos de los pies. Lo hacía de tal manera que él no pudiera darse cuenta hasta que era demasiado tarde y sus dientes ya estaban atrapando su dedo.

Jordi saltaba de la cama aullando de dolor, lo que hacía que el gato saliera también disparado.

Ahora que llevamos unos años de convivencia, Mixu y Jordi se llevan mucho mejor. Creo que ese cambio de actitud se fraguó cuando adoptamos a Tara, nuestra otra gatita.

Tara llegó a casa por casualidad. Un día, al volver del supermercado, nos encontramos en la calle a dos abuelas que daban de comer a una cría de gato siamés de color blanco. Nos explicaron que la pobre criaturilla llevaba una semana viviendo en la calle. Luego las dos entraron en el portal y cerraron la puerta.

Nos quedamos ahí, con las bolsas en la mano y esa gatita que ronroneaba y se dejaba acariciar. No queríamos tener otro gato en casa, sobre todo teniendo en cuenta lo arisco que era Mixu, así que nos fuimos, prometiéndonos antes que comprobaríamos de vez en cuando que no le faltara nada.

Pero ella no pensaba igual, porque no hacía ni un minuto que la habíamos dejado atrás, cuando descubrimos que la pequeña nos seguía. Nos detuvimos para decirle que no podía venir con nosotros, cuando se acercó a mi pie y se restregó contra él con cariño, como pidiéndome ayuda.

Miré a Jordi y los dos intuimos que al final nos la íbamos a quedar.

La llevamos al veterinario y le explicamos la situación. Nos explicó que podía llevarla a un centro de acogida, pero que teníamos que esperar al lunes, así que nos la tuvimos que quedar el fin de semana.

Después de esos dos días, tomamos la decisión de que la gatita iba a ser el cuarto miembro de la familia. Y aunque Mixu recibió a la nueva con bufidos, eso no fue un impedimento para que la pequeña se quedara con nosotros.

¿Cómo conseguimos que se llevaran bien? El fin de semana siguiente teníamos un compromiso y no podíamos llevarnos a los gatos. Sabiendo que se tendrían que aguantar el uno al otro, decidimos hacer un experimento previo.

Una tarde dejamos a los dos gatos en el comedor para ver qué pasaba. Tras algunas miradas desde la distancia y algún bufido, empezaron a perseguirse por la sala, jugando. Y así, sin más, se aceptaron mutuamente.

Queríamos llamarla Nieve, por su color blanco, pero debido a una malformación en una de las patas que hacía que tuviera dos dedos en lugar de cuatro, mi madre la llamó «tarada», así que acabamos bautizándola como Tara.

Mixu la «adoptó»: esperaba su turno a la hora de comer, iba tras ella por toda la casa, la lamía mientras dormía. Poco a poco, empezó a socializarse y a respetar los pies, las espaldas y las piernas de los que vivíamos en casa y también de las visitas.

La inteligencia y el sexto sentido de Mixu quedaron demostrados durante mi embarazo. Como ya he explicado, este gato siempre ha sido algo arisco, incluso con nosotros. Se deja coger y acariciar en pocas ocasiones.

El ginecólogo nos había dicho que Biel, nuestro hijo, se estaba retrasando y que seguramente tardaría una semana más en nacer. Me recomendó reposo y así lo hice.

Al día siguiente de la visita al ginecólogo, yo estaba sentada en el sofá, viendo la tele, y de repente Mixu se subió sobre mi tripa y se tumbó en ella, ronroneando. Durante horas se mostró sumiso, cariñoso y pude acariciarlo como nunca lo había hecho. Entonces pensé que quizás el gato había notado algo que yo no podía notar: mi hijo estaba en camino.

Y resultó ser cierto. Al cabo de unas horas, rompí aguas.

Biel nació ese mismo día.

Teníamos miedo de cómo reaccionarían los gatos con Biel, pero la verdad es que han sido muy respetuosos con él.

Cuando le cambiamos el primer pañal, dejamos que los gatos lo olieran. Nos habían dicho que era una manera de que se familiarizaran con el olor del pequeño. Y parece que funcionó, porque lo han aceptado como un miembro más de la familia. Casi nunca le cogen los juguetes y respetan sus espacios.

Tara es bastante cariñosa con él, hasta protectora. Al principio, cuando Biel lloraba, se lanzaba contra mis piernas, como si yo fuera la causante del llanto del pequeño y ella quisiera protegerlo.

Mixu es algo más reservado. Quizás intuya que cuando Biel pueda caminar va a tener que correr mucho para huir del niño, porque seguro que lo perseguirá por toda la casa.

No sé si fue por el pañal que les dejamos oler o porque tenemos dos gatos con un gran corazón, pero hemos creado un hogar lleno de afecto. Estamos convencidos de que la relación seguirá siendo buena en el futuro, y que nuestro hijo será capaz de cuidar y mimar a los animales como nosotros hemos hecho con Mixu y Tara.

Chulalongkorn y *Cupcake*

Chulalongkorn fue un gran rey tailandés, erudito de las ciencias y gran amante de todos los seres vivos, como lo había sido también su padre.

Este monarca tuvo perros, elefantes, loros, conejos, ardillas, tucanes, caballos… Pero fue un regalo que le trajeron desde Europa lo que le cautivó más que nada en el mundo.

Unos europeos que visitaban la región le llevaron como presente una pequeña gatita sin cola llamada *Cupcake*. Sólo verla, el rey se enamoró de ella y la cuidó con mimo.

La pequeña creció feliz en palacio y se convirtió en una hermosa gata, pero nunca se quedaba encinta.

Chulalongkorn deseaba con todo su corazón tener algún gatito de su querida *Cupcake* y no comprendía por qué ella no le concedía su deseo, pese a tener los amantes más lozanos del mundo felino. Para remediarlo, mandó llamar a los mejores veterinarios del país.

Al final, *Cupcake* dio a luz una camada de gatitos y el rey, muy feliz, se quedó con todos. Eso sí, la gata no volvió a ser madre nunca más.

Un proverbio felino

«*A los hombres, como a los gatos,*
nos gusta comer peces,
pero no mojarnos.»

Charles Baudelaire
y *Guillaume d'Aquitanie*

Un caso curioso de fijación por los gatos es el del poeta Charles Baudelaire, quien prestaba más atención a los felinos que a sus amigos y familiares.

Sentía tal fascinación por estos animales que, cuando entraba en una casa donde residía algún minino, corría antes a abrazar y mimar al gato que a saludar a sus anfitriones. Si alguien le hablaba en medio de su ritual, no hacía caso alguno a sus palabras.

Esto puede sonar divertido, incluso tierno, pero a Baudelaire le costó más de una burla. En la prensa llegaron a llamarle «gato zalamero con maneras aterciopeladas». A pesar de eso, el poeta siguió profesando su afecto a esas criaturas.

Siempre que veía a un felino, se tratara de un animal doméstico o de un gato callejero, fuera solo o acompañado, dejaba lo que estaba haciendo y se paraba a atender al animal. En una ocasión dijo: «Al igual que las grandes esfinges descansan por la eternidad con actitud noble sobre la arena del desierto, que miran con indiferencia ante la nada, tranquilo y sabio es el gato».

Pero el cariño que sentía por los gatos no fue sólo demostrado hacia animales desconocidos o ajenos, sino que también tuvo su gran amor: *Guillaume d'Aquitanie.*

Éste era un minino regordete al que Baudelaire encontró y apodó con el nombre de otro gran adorador de los pequeños felinos, el trovador y duque medieval del mismo nombre. Este gato ayudó al poeta a sobrellevar el dolor que supuso para él la censura de su obra *Las flores del mal*. A partir de ese momento, fueron compañeros inseparables.

A este buen felino, el poeta le dedicó los versos más hermosos que pueden leer aquellos que amen a los gatos:

I

Ven, mi hermoso gato, duerme en mi corazón amoroso;
retén las garras de tu pata,
y déjame sumergir en tus bellos ojos,
mezclados de metal y de ágata.
Cuando mis dedos acarician complacidos
tu cabeza y tu lomo elástico,
y mi mano se embriaga con el placer
de palpar tu cuerpo eléctrico,
veo a mi mujer en espíritu. Su mirada,
como la tuya, amable bestia,
profunda y fría, corta y hiende como un dardo,
y, de los pies hasta la cabeza,
un aire sutil, un peligroso perfume,
flotan alrededor de su cuerpo moreno.

II

De su piel blonda y oscura
brota un perfume tan dulce, que una noche
yo quedé embalsamado, por haberlo
acariciado una vez, nada más que una.
Es el espíritu familiar del lugar;
él juzga, él preside, él inspira

todas las cosas en su imperio;
¿No será un hada, Dios?
Cuando mis ojos, hacia este gato amado
atraídos como por un imán,
se vuelven dócilmente
y me contemplo a mí mismo,
veo con asombro
el fuego en sus pupilas pálidas,
claros fanales, vívidos ópalos,
que me contemplan fijamente.

III

Los amantes fervorosos y los sabios austeros
gustan por igual, en su madurez,
de los gatos fuertes y dulces, orgullo de la casa,
que como ellos son friolentos y como ellos sedentarios.
Amigos de la ciencia y de la voluptuosidad,
buscan el silencio y el horror de las tinieblas;
el Erebo se hubiera apoderado de ellos para sus correrías
       fúnebres,
si hubieran podido ante la esclavitud inclinar su arrogancia.
Adoptan al soñar las nobles actitudes
de las grandes esfinges tendidas en el fondo de las soledades,
que parecen dormirse en un sueño sin fin;
sus grupas fecundas están llenas de chispas mágicas,
y fragmentos de oro, cual arenas finas,
chispean vagamente en sus místicas pupilas.

Louis Wain y *Peter*

A veces el amor puede llevarnos a la locura, y esto es lo que le ocurrió al pintor Louis Wain. De niño creció en una casa junto a sus cinco hermanas, y rodeado de un montón de gatos con los que compartía sus travesuras.

El pequeño Wain pronto desarrolló su talento artístico. Poco a poco empezó a trabajar dibujando escenas campestres y casas de campo para revistas y periódicos.

Ya en la edad adulta, él y su esposa Emily tuvieron un gato blanco y negro llamado *Peter* al que adoraban. Cuando ella enfermó de cáncer, Wain empezó a disfrazar al gato y a representar pequeñas obras para animarla.

Justo entonces inició una insólita carrera como dibujante de gatos. En algunos de sus primeros trabajos se puede distinguir, entre los otros felinos, a *Peter*.

Tras la muerte de Emily, el viudo presentó su primer dibujo de un gato, que fue muy bien acogido por el público.

A partir de ese momento, Wain se dedicó exclusivamente a dibujar gatos con forma antropomórfica, así como escenas gatunas en las que los felinos protagonizaban sucesos de la vida cotidiana de los hombres. Estos cuadros de gatos trabajando, vestidos a la última moda, fueron bastante populares en la Inglaterra victoriana.

Pero aunque a la gente parecía extasiarle su obra, el éxito no duró mucho. El artista no era bueno con las cuentas y, al bajar la demanda, se sumió en la bancarrota.

Cuando ya había cumplido más de cincuenta años, Wain fue internado en un hospital mental porque se le había diagnosticado esquizofrenia. El mismo hombre que había pintado los gatos de los que H. G. Wells decía «los gatos ingleses que no se parecen a los de Louis Wain se avergüenzan de sí mismos», ahora se consumía en un psiquiátrico para pobres.

Finalmente, el mismo Wells y el primer ministro lo trasladaron al hospital de Napsbury, en Hertfordshire, donde pudo disfrutar de sus últimos días pintando en los jardines, acompañado por una colonia entera de gatos.

H. G. Wells dijo de él que «inventó un estilo del gato, una sociedad del gato, un mundo entero del gato».

Gatos terapéuticos

En algunos centros de salud de Estados Unidos se ha empezado a introducir gatos, que están procurando muchos beneficios a los enfermos. Varios estudios demuestran que el solo hecho de acariciar a un gato basta para reducir la tensión arterial. Asimismo, la compañía de un felino aumenta la supervivencia de los pacientes con patologías cardíacas de gravedad.

«Al ver a ese pequeñín que me miraba con unos ojillos tiernos como los del gato de Shrek, no pude resistir la tentación»

Joan (vendedor)
Gata: *Cuqui*

Siempre hemos tenido animales en casa. Por aquí han pasado peces, loros, tortugas…, pero todos ellos nos fueron dejando. Algunos fueron por causas naturales, como los peces, pero otros tomaron la decisión de irse por su cuenta, independizarse de la familia.

Y es que, a día de hoy, aún no sabemos cómo ni a dónde se pudo ir nuestra querida tortuga con su lento paso. Desde luego, era aficionada a perderse por todos los rincones de la casa, pero, por lo visto, al final se le quedó pequeña, porque decidió ver mundo más allá de las cuatro paredes que la rodeaban. Eso, o quizá se le acabó la paciencia y decidió huir de nuestro ahijado, que la perseguía por la casa con un martillo golpeándola en el caparazón cuando le daba alcance.

No es que la casa se quedara vacía cuando la tortuga huyó. Le teníamos cariño, pero no era un animal con el que interactuáramos mucho, a excepción de nuestro ahijado. El hecho es que nos encantan los animales y nos gusta que la casa esté llena de ellos.

Muchos de los que han convivido con nosotros han llegado a nuestro hogar de manera casual, y ése fue el caso de Cuqui. Una mañana, cuando volvía de comprar, escuché unos maullidos que provenían de los bajos de un coche aparcado frente al portal. Dejé la compra dentro de casa y volví a salir para ver si el gato en cuestión aún seguía allí. Sí, ahí estaba. Se trataba de un gatito romano, pequeño, que no tendría más de una semana y se escondía tras la rueda delantera, maullando.

Al ver a ese pequeñín que me miraba con unos ojillos tiernos como los del gato de Shrek, no pude resistir la tentación. Así que lo tomé en mi mano, lo subí a casa y lo limpié como pude. Le di un poco de leche con una jeringa y traté de calmarlo.

Es divertido ver cómo un gato reconoce el terreno. Se paseaba por toda la casa, olisqueando y golpeando con sus diminutas garras todo lo que aparecía ante sus ojos. Le costó poco adaptarse a su nueva casa, aunque no visitó el piso de arriba hasta que fue capaz de subir los escalones. Le debió impresionar más que el piso de abajo, porque se instaló allí.

En pocos meses creció muchísimo. Era un gato fuerte, joven y elegante. Era muy autónomo, y aunque nosotros estuviéramos en casa, en el piso de abajo, él prefería estar arriba. No sé si le gustaba mucho, o bien era su manera de huir de mi ahijado cuando éste venía a pasar el día.

Ya se sabe que los niños pequeños pueden llegar a ser pesados, e incluso crueles con los animales. Y nuestro ahijado no era una excepción. Cada vez que venía a casa se iniciaba un ritual de carreras, persecuciones y gritos que hicieron que Cuqui se recluyera en el piso de arriba cuando intuía su presencia. Aunque el gato no sabía la suerte que tenía por haber llegado a casa unos años después que la tortuga, porque ahora el muchacho ya tenía una edad en la que era consciente de que a los animales no se les podía perseguir con un martillo.

Cuqui *siempre bajaba a comer con nosotros. Se quedaba a nuestro lado y esperaba pacientemente a que le diéramos algo. Pero eso cambiaba cuando llegaban visitas. Esos días ni se acercaba por la mesa, y si lo hacía, era para recordarle a mi ahijado que le estaba vigilando.*

De esto aprendí que los gatos tienen mucha memoria y que son capaces de reconocer a las personas. Durante años, mi ahijado siguió viniendo a comer y pronto las persecuciones cesaron. Pero Cuqui *continuaba mostrándose receloso con el chico y temía lo que pudiera hacerle, a pesar de los intentos de reconciliación del muchacho.*

Como a todos los gatos, le gustaba mucho dormir. Pero tenía un curioso ritual que me dejó perplejo cuando lo descubrí. Antes de acostarse, Cuqui *sacaba la funda de la almohada para poderse tapar con ella, dejando sólo la cabeza fuera.*

Y como a muchos gatos, a él también le gustaban las ventanas. Le encantaba darse una vuelta por el balcón y luego entrar en casa, pero un día descubrió que podía hacer algo más. Ese descubrimiento nos regaló una imagen que nunca olvidaremos. Cuqui *decidió no sólo salir al balcón, sino encaramarse a la barandilla. Teniendo en cuenta que vivimos en un noveno piso, verlo ahí subido nos impresionó, por no decir que nos paralizó.*

Pero la historia no acaba ahí, porque desde esa altura vio el balcón de la vecina, en el que descansaba un gran dogo. Y cómo no, decidió ir a saludarlo. Saltó al balcón contiguo, provocándonos a todos un susto de muerte, y se presentó a su vecino animal. No creo que haya existido un perro con más paciencia que ese dogo, porque nuestro pequeño felino encontró en él a su compañero de juegos. Lo manoteaba, le daba mordiscos, se subía encima..., y todo bajo la paciente e indiferente mirada del can.

A medida que fue creciendo se volvió un gato tranquilo. Sus excursiones a balcones ajenos fueron desapareciendo de sus costumbres y pasaba más tiempo acurrucado con nosotros, sobre todo porque al cumplir los veinte años le costaba mucho subir escalones. Le ayudábamos a subir a su rincón preferido, donde había dormido toda su vida.

Lo cierto es que fue muy triste ver cómo se apagaba poco a poco, pero quizás esa tristeza, o los veinte años que pasó aquí con nosotros, sea lo que hace que, cada vez que vuelvo de comprar, aguce mi oído a ver si escucho un pequeño maullido bajo algún coche.

Abraham Lincoln y *Tabby*

El decimosexto presidente de Estados Unidos era conocido por ser muy sensible con los sentimientos de los demás, especialmente con los de los niños y los animales.

Amaba tanto a los animales que no soportaba la idea de la caza, ya fuera como «deporte» o para alimentarse de ellos, porque consideraba que era excesivo el sufrimiento que se les provocaba. Desde pequeño decía que para él era tan importante la vida de un animal como la de una persona.

Pero su debilidad eran los gatitos. Podía coger uno y pasarse media hora charlando con él… Cuando era pequeño, iba a casa de los vecinos y jugaba durante horas con sus pequeñas mascotas.

Lincoln fue un gran amante de los gatos, y durante el tiempo que permaneció en la Casa Blanca, tuvo cuatro felinos.

Cuando la secretaria de Estado se presentó ante Lincoln, le regaló dos gatitos para que el presidente electo se sintiera a gusto en su nuevo hogar. Aquellas pequeñas bolitas de pelo fueron el mejor regalo de bienvenida que le podrían haber hecho. Se abstraía acariciándolos durante horas, y parecía que penetrara directamente en sus mentes, como si pudiera entenderlos.

Su tierno corazón le obligaba a buscar el nido del que se había caído un pajarillo para retornarlo de inmediato.

En una ocasión, Lincoln estaba mimando a tres gatitos huérfanos de madre y, mientras veía cómo ronroneaban felices, fue interrumpido porque debía asistir a una reunión muy importante. Al ver que se iba, los gatos empezaron a maullar y el presidente, sobrecogido, les susurró dulcemente que no lloraran, mientras les aseguraba que iban a cuidar de ellos y les acomodaba para que pudieran dormir.

Lincoln afirmó en una ocasión: «Me importan muy poco las ideas religiosas de alguien cuyo perro y gato no son lo mejor para él». Y siguió ese ejemplo, pues en una cena en la Casa Blanca, cuando estaba dando de comer a su querido gato de rayas *Tabby*, que se sentaba a su lado, su mujer le llamó la atención. Él exclamó entonces: «Si el tenedor de oro es suficientemente bueno para el ex presidente James Buchanan, yo creo que también lo será para *Tabby*».

Tenía en tan alta estima a su gato *Tabby* que Lincoln lo nombró ayo particular de su hijo Tad, dejándole al cargo de su educación.

El banquete de *Tabby*

Por extraño que pueda sonar, los felinos también nos enseñan modales en la mesa. Así como el perro devora todo lo que le ponen por delante, el gato es selecto y husmea la comida antes de empezar a comer. Prueba un poco y, sólo si está convencido de la calidad del plato, se entrega a su almuerzo con discreción. En la naturaleza no existen los gatos gordos, porque su filosofía —en la mesa y en la vida— es: «Más vale poco y bueno que mucho y vulgar».

Charles de Gaulle y *Gris Gris*

El gato chartreux o cartujo fue popularizado en Francia gracias a un poema de Joachim du Bellay, pero las primeras noticias de este animal provienen de siglos atrás.

Cuenta la leyenda que los chartreux eran gatos salvajes de las montañas de la actual Siria, los cuales fueron traídos por los cruzados en el siglo XII. También se decía que los monjes cartujos los criaron en Grenoble para ahuyentar a las ratas.

La pasión por esta raza en Francia quizá provocó que, siglos después, personajes como la escritora Colette o el general Charles de Gaulle cayeran prendados de estos felinos. Gracias a ellos, estos animales han sido nombrados Tesoro Nacional de Francia.

De Gaulle no le escribió un poema a un gato cartujo como hizo Colette, pero tuvo uno. Este hombre, conocido por su mal carácter y sus respuestas abruptas a la prensa, profesaba toda clase de mimos y cariños a su gato *Gris Gris*, lo cual sorprendía sobremanera a la gente de su entorno.

Como dijo Lenin en su día, la música, los niños y los gatos dulcifican el carácter.

Lo que *Gris Gris* enseñó a De Gaulle

1. Así como la autoridad depende del prestigio, el prestigio depende de la distancia.
2. El silencio es el arma definitiva del poder.
3. Si no eres rápido de pies y no te adaptas, cualquier estrategia será inútil.

Tippi Hedren y *Antonio Banderas*

La actriz Tippi Hedren fue conocida sobre todo por la película *Los pájaros*, de Alfred Hitchcock, con quien no terminó demasiado bien. Esta amante de los animales convivió toda su vida con perros y gatos, aunque los felinos siempre fueron sus predilectos.

Durante el rodaje en África de *Satans's Harvest*, Tippi entró por primera vez en contacto con un león y fue entonces cuando descubrió que sentía tanto afecto por los gatos como por los grandes felinos. Por eso mismo se involucró activamente en grupos que trabajaban para preservar la vida salvaje, además de luchar contra el maltrato animal, ya fuera en el hábitat salvaje o en el terreno doméstico, cuando se trataba de mascotas.

Pero fue muchos años después, durante el rodaje de la película *Roar,* en la que trabajó con su hija Melanie Griffith, cuando Tippi encontró una oportunidad para proteger la vida de muchos grandes felinos. Esta película le sirvió a la actriz como inspiración para crear, en 1983, The Roar Fundation and Hedren's Shambala Preserve, donde, hoy en día, habitan hasta setenta grandes felinos: desde tigres de Bengala a leones africanos. Todos ellos han sido rescatados de zoológicos, circos y otros lugares.

Personajes como Anton LaVey, que tenía un león en casa como mascota, han llevado a sus animales a esta reserva. Incluso los leones que vivían en el parque de Michael Jackson, Neverland, viven ahora allí.

Tippi se horroriza al saber la gran cantidad de personas que tienen en sus hogares a grandes gatos, como ella los llama, como si se trataran de mascotas normales, y que luego se aburren o se cansan —algo que también pasa con mascotas de menor tamaño—, o se asustan y los abandonan. Por suerte, existe su reserva para ofrecerles un hogar agradable y seguro.

En la reserva, Tippi se despierta cada mañana con los rugidos de sus compañeros felinos: tigres siberianos, leones, leopardos, guepardos, leopardos de las nieves, panteras de Florida..., y sus cinco gatos, de los que está locamente enamorada.

La actriz explica que hace años encontró una camada de gatos y los adoptó pensando que se quedaría sólo con uno, pero al final fue incapaz de desprenderse de ninguno de ellos. Al fin y al cabo, su amor por los grandes felinos viene del que sintió por los gatos que tuvo en su infancia.

Ahora convive con cinco gatos a los que ha dado unos nombres bien curiosos: *Antonio Banderas* (el marido de su hija y actor que pone la voz al Gato con Botas de *Shrek*), *John Saxon*, *Marlon Brando*, *Rod Taylor* y *Rocky*. Los cinco hermanos corren libremente por la casa y el estudio, mientras Tippi disfruta de todos sus felinos, de los grandes y de los pequeños.

El leopardo de las nieves

Una de las especies más amenazadas del planeta, el leopardo de las nieves, tiene su hábitat natural en Asia central y ha generado abundante folclore. Por ejemplo, los viajeros creían que estos felinos no se comían la carne de las presas, sino que se limitaban a ingerir su sangre por los orificios que dejan en sus víctimas, que a menudo quedan abandonadas.

El danés Petter Mathiessen utilizó este escaso animal como metáfora de la búsqueda de lo imposible en su relato de viajes *El leopardo de las nieves.*

Balthus y *Mitsou*

El pintor polaco Balthazar Klossowski de Rola, conocido también como Balthus, vivió toda su vida fascinado por los gatos y se rodeó de ellos hasta el día de su muerte.

Su primer gato fue el que le provocó esta fiebre gatuna. De niño, Balthus se crió junto a su felino *Mitsou*. Cuando éste murió, el pequeño fue incapaz de sobrellevarlo y sólo la pintura le ofreció una vía de escape. El joven artista pintó una y otra vez a su amado gato, hasta que a la edad de doce años, Rainer Maria Rilke, amigo de su madre, le animó para que publicara algunos de los dibujos.

Rilke prologó ese libro, al que titularon *Mitsou: historia de un gato,* y, en cierto modo, aquel gesto ayudó al niño a continuar adelante.

A partir de entonces, Balthus vivió con muchos otros gatos, y llamó a algunos *Mitsou* en honor a su querido compañero de la infancia. A otros los bautizó con nombres como *Nissimoun* o *Frightener.* Este último aparece junto a él en su autorretrato de 1935 titulado *El rey de los gatos.*

Y es que Balthus tenía una peculiaridad: su pasión por los gatos era tan grande que llegó a proclamarse a sí mismo «rey de los gatos», mostrándose como tal ante los demás.

En su arte, el pintor era criticado por sus retratos adolescentes de corte erótico, aunque él decía que sólo las jóvenes podían pasar aún por ángeles. Pero si dejamos de lado las críticas sobre sus figuras femeninas y nos centramos en el conjunto de su obra, descubriremos que todas sus pinturas tienen algo en común: hay un gato en un rincón jugando, durmiendo o acurrucándose.

Los gatos estuvieron presentes en su vida y en su obra, y como un buen rey, nunca los olvidó.

El hedonismo de *Mitsou*

Los gatos son maestros del placer, algo que siempre ha fascinado a escritores, estetas y artistas, como fue el caso Balthus. El pintor admiraba a aquel pequeño animal, bello y egoísta, cuya finalidad en la vida parecía ser procurarse bienestar. Observaba sus largas siestas, los estiramientos al despertar, su afición a las *delicatessen*, la bella postura desde la que miraba con atención la actividad del pintor. La filosofía de *Mitsou* era: «No hay que sentirse culpable por ser feliz».

«Después de convivir dos semanas con Chompy, *intuimos que era el animal perfecto para nosotros*»

Fernando de Juan (realizador)
Gato: *Chompy* o *Mr. Bennett*

Ciara, Alan y Chompy *llegan justo cuando acabo de fregar los platos de la noche anterior. Tengo la olla para hervir la pasta en el escurridor cuando suena el timbre de la puerta. La cocina está llena de paquetes de comida para gatos, el «lavabo» del gato, un comedero, una bolsa de plástico enorme con arena y su caja de viaje.*

De ella sale Chompy *o, mejor dicho, Mr. Bennett. Hemos decidido cambiarle el nombre, al fin y al cabo sólo tiene nueve semanas y su identidad no está del todo definida.*

No sabemos exactamente de dónde procede. Ciara y Alan, su pareja, cuidan gatos que están en la protectora de animales hasta que encuentran un hogar. Sabían que estábamos interesados en tener uno y, después de convivir dos semanas con Chompy, *intuían que era el animal perfecto para nosotros.*

La semana anterior habíamos ido a verlo y, cuando el animal se quedó dormido encima de Chris, mi compañero, supimos que ya no había marcha atrás. Sus cuidadores estaban encantados, pues se habían encariñado mucho de él y no les gustaba la idea de perderle de vista.

No es un gato tímido. Al salir de la caja, empieza a pasear por toda la cocina husmeando cada rincón. Alan me enseña un ratón de trapo gris con las orejas rojas. «Es su ratón favorito», me dice.

Por el tono de su voz detecto que la despedida no va a ser fácil.

Mr. Bennett *se me acerca y aprovecho la ocasión para tomarlo en brazos. Ni se inmuta. Me da un par de lametazos y le reímos la gracia. En el momento de dejarlo en el suelo, le doy un golpe al escurridor, y la olla de la pasta sale disparada hasta aterrizar en el suelo con gran estruendo.*

Todos, incluido el gato, damos un respingo.

Para quitar leña al fuego, suelto una broma de mal gusto: «Ay, Dios, voy a matar al pobre animal de un sartenazo», y al ver las caras de mis dos congéneres me doy cuenta de que mejor callar y cambiar de tema.

Me dan los números de teléfono de la protectora y las últimas recomendaciones: Mr. Bennett *se está recuperando de la gripe y le cuesta un poco respirar por la nariz, pero si tiene buen apetito, todo debería ir bien.*

Antes de irse, Alan le dice a Ciara que no llore. Ella responde con un seco, preciso y rotundo «No», y salen disparados por la puerta, algo cabizbajos.

Llevamos cuatro días con él en casa. Sobra decir que se ha convertido en el rey: duerme siestas enroscado encima de mi barriga, come como un desesperado, juega con su ratón favorito, como si éste fuera real, y yo me mantengo alejado de la olla de la pasta.

Cardenal Richelieu
y *Racan y Perruque*

El gato ha sido adorado y despreciado a lo largo de la historia en igual medida. El hombre pasó de construirle altares y venerarlo como a un dios en la época egipcia, a quemarlo en hogueras por relacionarlo con la brujería y a ver en él a la encarnación del mismísimo diablo. Estas últimas prácticas se prolongaron durante varios siglos, pero hubo alguien que defendió a los gatos de dicha tortura y puso la primera piedra para restaurar el respeto por esta especie.

Se trata de Arman Jean du Plessis, o lo que es lo mismo, el ministro de la Guerra del rey francés Luis XIII, el cardenal Richelieu.

Richelieu adoraba a los gatos sin medida alguna. Llegó a vivir con catorce felinos al mismo tiempo, y en su mansión tenía una inmensa habitación junto a la suya, especialmente habilitada para que los mininos la disfrutaran a sus anchas.

¿Y por qué los gatos deberían estar agradecidos a Richelieu? Por todos es conocido que el cardenal era famoso por su persecución o caza de brujas, pero, en cambio, era un amante de los gatos. Eso en su época era una enorme contradicción, pues, por superstición popular, los gatos estaban relacionados con la hechicería y el demonio.

Fue el mismo cardenal Richelieu quien terminó con una curiosa costumbre, relacionada con los felinos, que se había extendido por Francia. Consistía en quemar gatos en las hogueras festivas; era una tradición tan popular que incluso el monarca participaba prendiendo fuego a la pira para que comenzara la fiesta. El ministro de la Guerra no podía soportar aquella atrocidad, así que utilizó su influencia para convencer al rey, y Luis XVI derogó esa costumbre.

Richelieu tuvo muchos gatos. Podríamos hablar de algunos de ellos, como por ejemplo de su favorita, que era *Soumise*. Se acompañó de un gato caprichoso y belicoso llamado *Mounard*; de *Gazette*, que tenía la mala costumbre de orinar sobre los invitados que no le gustaban; de *Ludovic*, un gran cazador de ratones, pero muy cruel; de una gatita de angora llamada *Mimi-Papillon*; de *Felimare*, que era parecida a un tigre; de *Ludoviska*, de procedencia polaca; de un minino muy limpio que no dejaba ni una gota de leche en el cuenco, que se llamaba *Roubis sur l'Ongle*; de un gato negro como el carbón al que llamó *Lucifer*; de una pareja inseparable, *Pyrame* y *Thisbe*, que siempre dormían con las patitas entrelazadas; de *Serpolet*...

Además de esta interminable lista, tuvo dos gatitos que protagonizan una curiosa historia.

Racan y *Perruque* no fueron hallados de un modo convencional, sino que su encuentro accidental con Richelieu resultó casi cómico. El estudioso y académico Racan había quedado con el cardenal para una entrevista, y se puso tan aprisa la peluca que no se dio cuenta de que su gata, que había parido una camada de gatitos, había dejado a dos de ellos durmiendo en el inmenso peluquín. No fue hasta que estuvo en presencia de Richelieu que Racan se sintió francamente incómodo y tuvo que quitarse la aparatosa peluca, descubriendo en su interior, para la sorpresa del cardenal, a dos pequeñas crías de gato. Por supuesto, Richelieu quiso adoptarlos de inmediato, y sus nombres fueron *Racan* y *Perruque*.

Cuando Richelieu falleció, en su testamento encontraron un importante apartado dedicado a sus gatos. Éstos recibieron una gran suma de dinero, al igual que los cuidadores que debían encargarse de ellos, junto con una casa, alimentos y todo lo que pudieran llegar a necesitar.

Este cardenal fue el primero en dejar herencia para un animal. Gracias a él, el gato fue revaluado por la Iglesia y por el pueblo, recuperando así su lugar en el mundo. Pasó a convertirse en un compañero con el que los aristócratas se retrataban y al que le componían hasta versos.

La franqueza de *Gazette*

Si hay un pecado que los felinos no cometen es el de la hipocresía. El gato muestra abiertamente sus sentimientos para bien y para mal, lo que le evita consumir tiempo y energías con las personas equivocadas. Así como *Gazette* orinaba sobre los invitados que no le gustaban, la lectura dentro del mundo humano y civilizado puede resumirse en dos puntos:

1. No malgastes el tiempo con personas que no te gustan y cuya compañía no te aporta nada.
2. No malgastes el tiempo intentando gustar a quien ha decidido detestarte.

El papa Benedicto XVI y *Chico*

El papa Benedicto XVI ha sido descrito como un hombre que adora la música, en especial Mozart, y un gran amante de los animales. Si indagamos un poco en su vida, descubriremos que, en especial, es un apasionado de los gatos.

El actual Papa creció en una familia que siempre tenía gatos y aprendió a apreciar y amar a estos animales desde la niñez.

En Alemania, mientras fue el cardenal Joseph Ratzinger, el Papa compartió su vida con un felino llamado *Chico*. Éste lo acompañó a Roma, aunque enseguida hubo alguien más con ellos, pues al llegar a la Ciudad Eterna adoptó a un gato que encontró en la calle. De esa manera, los tres compartieron piso hasta que Ratzinger fue elegido como nuevo Papa.

Una anécdota demuestra la devoción que siente el Papa por estos animales. Llegó a autorizar que se realizara una biografía de su persona donde el narrador fuera *Chico*, su propio gato. Este libro, titulado *Chico y Joseph* y pensado para un público infantil, narra, con un lenguaje divertido, la vida de Joseph Ratzinger antes de convertirse en Papa.

En una ocasión, cuando el pontífice decidió pasar sus vacaciones de verano en el Seminario Mayor de Bressanone, tuvo la grata sorpresa de saber que iba a estar acompañado por una gata negra llamada *Milly*, así que ni en esas circunstancias, alejado de sus dos gatos, tuvo que prescindir de la compañía de un felino.

Los problemas con sus queridos compañeros surgieron

cuando el Papa tuvo que mudarse a la Santa Sede. Si bien es cierto que anteriores inquilinos habían tenido un canario, como Pablo VI, o palomas blancas, como Juan Pablo II, ninguno había tenido gatos.

En un primer momento mantuvo a sus gatos bien cuidados en otro lugar y se conformó con dos figurillas felinas de porcelana. Hasta que los animalistas y la delegada del ayuntamiento romano para los derechos de los animales salieron en auxilio de la pasión del pontífice, reivindicando que el Papa es un monarca absoluto y que su voluntad debe ser seguida ciegamente, así que no tenía por qué abandonar a sus gatos.

Para la felicidad de todos los involucrados, los gatos del Papa ya están viviendo de nuevo con él. Fuentes cercanas aseguran que les habla en dialecto bavarés y los mininos dan señales de entenderlo.

El lenguaje de los gatos

Si bien los gatos tienen, salvo excepciones, un abanico limitado de maullidos, se comunican con nosotros por medio del lenguaje corporal, del tacto y del olor. La cola es uno de los principales instrumentos que tiene el felino para hacerse entender: si está baja, significa que se siente triste; si la mueve rápidamente, es que está irritado y puede ser agresivo; si se pasea con la cola alta y tiesa, es señal de que se siente feliz.

«Quiero a mi gato y él me quiere a mí. Me siento afortunada»

Ishtar (profesora de danza)
Gato: *Piticli*

Me siento muy afortunada por tener como compañero a un gato como Piticli. *Nunca me hubiera imaginado compartir piso con un animal como éste, pero al final ha sido así, y ahora no puedo pensar en mi piso sin asociarlo a los ronroneos de* Piticli.

Todo empezó como en las grandes historias de amistad: por casualidad. Unos amigos encontraron a un gato callejero y se lo llevaron con ellos para cuidarlo. Sin embargo, enseguida se dieron cuenta de que, por diversas razones, no podían ocuparse de él y por eso pensaron en mí. Sabían que los animales siempre me han gustado, así que me preguntaron si yo podía encargarme del animalito. No supe decirles que no.

No fue fácil al principio —me he trasladado varias veces de piso, y si eso es complicado y estresante para las personas, aún lo es más para los gatos—, pero después de dos traslados y de darme cuenta de que cada vez me gustaba más tenerlo conmigo, supe que íbamos a vivir juntos.

Así fue como empezó nuestro vínculo afectivo: somos compañeros de piso y amigos.

Me encanta ver cómo husmea con curiosidad las bolsas de la compra cuando llego a casa. Me gusta ese «miau» con el que me recibe cuando llego a casa por la noche, después de trabajar, porque es una manera de decir «me alegro de que hayas vuelto» y eso reconforta mucho.

Nunca hubiera imaginado que observarlo mientras se limpia el pelaje con la lengua fuera algo que me relajara, pero así es: me relaja. Supongo que me contagia esa cadencia tranquila con la que se mima a sí mismo.

Cada noche, cuando me siento en el sofá, se sube a mi regazo y, si acerco mi cara a la suya, me da besitos. Yo, agradecida por esa muestra de afecto, le correspondo el gesto con caricias; tantas que Piticli acaba durmiéndose sobre mi falda después de un concierto de ronroneos de felicidad.

A menudo jugamos al escondite. Aprovecho la barra americana que tengo como cocina para esconderme detrás. Él se acerca a mí con sigilo. Yo voy llamándole por su nombre. Para indicar que me ha encontrado, me saluda con un «miau» o con tres golpecitos en el hombro con la pata. Contento de haberme encontrado, sale corriendo a esconderse, como si haberme tocado con la pata fuera su forma de decirme: «Ahora te toca a ti encontrarme».

Piticli es muy juguetón, cariñoso y, sobre todo, curioso. A veces, cuando hay mucho ruido en la calle, saco la cabeza por la ventana para descubrir la fuente de tanto jaleo y él, intrigado, se sube a mi hombro para mirar también. Es como si quisiera preguntarme: «¿Qué pasa? Cuéntame, cuéntame».

Así transcurren nuestros días juntos: entre juegos, caricias y largas siestas (las de él más que mías).

Quiero a mi gato y él me quiere a mí. Me siento afortunada.

Paul Klee y *Fritzi*

El pintor suizo-alemán Paul Klee era un gran amante de los gatos y aprovechaba lo que le enseñaban para plasmarlo en su arte.

Influenciado por el expresionismo, el cubismo y el surrealismo, decidió dejar a un lado lo aprendido y empezó a expresarse por sí mismo. Llegó a dominar el color, e incluso creó una teoría sobre cómo trabajarlo que aún se estudia en las escuelas de arte.

Klee siempre estuvo rodeado de gatos. Entre sus preferidos encontramos a su gato blanco *Bimbo*, aunque también podríamos destacar a uno muy grandote al que llamó *Fritzi* y en el que se dice que se basó para pintar *Gato y pájaro*, en 1928.

Este creador de composiciones misteriosamente oníricas utilizó muchas veces la imagen del gato en su obra, pero para *Gato y pájaro* sólo se valió de líneas y colores simples para mostrar claramente al gato soñando con su presa, un pájaro.

Gatos pintores

Se trate de azar o de un arte meditado, existen múltiples testimonios de gatos que pintan sobre un lienzo con sus suaves patas. En Estados Unidos se organizan incluso exposiciones de gatos artistas, cuyas obras han llegado a alcanzar el precio de... ¡quince mil dólares!

Bai Ling y *Quiji*

La actriz china Bai Ling es una apasionada de los gatos, así como de los grandes felinos. Sin embargo, no llegó a saber cuánto podía llegar a querer a esos animales hasta que conoció a su actual compañera, *Quiji*, con la que se podría decir que tiene una verdadera historia de amor.

De niña, la actriz fantaseaba con ser cuidadora de un zoo o espía, aunque el destino le deparaba algo muy distinto.

Pero por mucho que su trabajo la haya alejado de esas fantasías infantiles, su amor por los animales continúa intacto. Por eso, cuando vio una fotografía de un cruce entre un gato y un guepardo, sintió un flechazo. Siempre había pensado que en su vida anterior había sido un guepardo, un leopardo o algún gran felino, y al ver aquellos ojos tan tiernos, sintió que había encontrado a su compañero.

Fue un ex novio quien al fin cumplió su sueño y le regaló el animal que ella deseaba. Bai Ling explica que el padre de *Quiji* era un guepardo y su madre una gata doméstica, y que su nombre es la palabra china para denominar la magia.

Pero en toda relación siempre hay algunos problemas, y ésta no es una excepción. Cuenta la actriz que *Quiji* es muy sibarita para la comida y sólo acepta pollo fresco recién cocinado. Y Ling, que lo hace todo por su amada compañera, cocina un pollo al día para que *Quiji* pueda degustar los muslos que se come.

Ahora, para la actriz, viajar es un tormento. Siempre que tiene que rodar una película fuera, sufre mucho porque añora a su gata. Para consolarse, si tiene la oportunidad, se acerca al zoológico de la ciudad donde está y visita a los parientes guepardos de *Quiji*. De esta manera, la nostalgia que experimenta disminuye un poco y se siente algo más cerca de su compañera del alma.

Cuando regresa a casa de un viaje, le gusta que *Quiji* se meta en la cama con ella.

En una ocasión, tuvo un pequeño accidente con la gata, que a punto estuvo de morderle en los pechos. Según explica la propia actriz, ella suele acostarse desnuda, y *Quiji* duerme con ella. Una noche, la gata estaba ronroneando y haciéndole mimos cuando, de repente, al ver sus pechos debió creer que se trataban de juguetes y se abalanzó sobre ellos. Por suerte, Bai Ling reaccionó enseguida y pudo salvarse de los mordiscos de su gata.

La actriz se siente tan orgullosa de *Quiji* que durante un tiempo la llevaba con ella a las fiestas y a las presentaciones de las películas. Pero al final tuvo que dejar de hacerlo porque causaba demasiados «accidentes».

Ahora *Quiji* se queda en casa cuando Ling tiene algún evento importante y sólo sale con ella a dar paseos por la playa.

Algunos dicen que esta gata puede ser peligrosa, pero Bai Ling asegura que es «la criatura más hermosa y afectuosa con la que me he encontrado en la vida». La prefiere a la mayoría de compañías humanas, pues dice que cuando la miras a los ojos puedes ver qué es lo que piensa sinceramente.

La resiliencia de los gatos

«Si te caes siete veces,
levántate ocho.»

PROVERBIO CHINO

Julio Cortázar y *Flanelle*

El escritor y cuentista argentino amaba con locura a su gata *Flanelle*, quien había recibido su nombre por el aspecto flamígero de su pelaje.

Cortázar explicaba, entre divertido y enamorado, que su gata saltaba sobre la mesa de su estudio para explorar, y que no escatimaba en recursos. Rebuscaba entre todo lo que encontraba por allí: sus manuscritos y lápices, sus pipas... No había nada que escapara a su escrutinio.

Se dice que *Flanelle* aparece como personaje en el libro *Salvo el crepúsculo*.

Además de esta gatita, Cortázar tenía un amigo felino en su casa de la Provenza. Lo visitaba cuando el escritor estaba allí de vacaciones. Bautizó al minino como *Theodor W. Adorno*.

Cuando pensaba en sus dos amigos suspiraba: «Todo aquí es tan libre, tan posible, tan gato...»

Tal vez por eso escribió el cuento «Cómo pasar al lado», que podemos encontrar en el recopilatorio *Un tal Lucas*. En este relato, el protagonista hace un extraño descubrimiento sobre los gatos. Afirma que se tratan de teléfonos, que ese miau que nosotros creemos oír es en realidad un mensaje que nos están transmitiendo, pero que no somos capaces de comprender.

Quizá Cortázar pudo llegar a comprender lo que *Flanelle* y *Adorno* le transmitían.

Flanelle, *Adorno* y el sexto sentido de los felinos

El biólogo Rupert Sheldrake publicó en un ensayo numerosos testimonios de gatos que son capaces de adivinar que sus amos están camino de casa, aunque regresen cada día a una hora diferente, así como de mascotas que cuando suena el teléfono reaccionan de forma diferente si se trata de su amo o de cualquier otra persona. Parece demostrado que los felinos tienen una percepción más desarrollada que los humanos, un verdadero sexto sentido.

Leonor Fini y sus treinta gatos

La voluptuosa y liberal pintora argentina Leonor Fini fue la gatófila con la vida más surrealista conocida.

Fini no concebía la vida como el resto de mujeres de su época. Como ella misma decía, desde su juventud siempre prefirió la vida en comunidad, rodeada de gatos, con un hombre como amante y uno como amigo, y siempre trabajando.

Así fue como construyó su mundo, exactamente a su medida.

Fini residió durante toda su vida en Francia, en una casa de dos plantas, y mientras una de dichas plantas estaba adornada con cuadros de sus amigos surrealistas, la otra la ocupaban por entero sus gatos, una treintena aproximadamente, siameses en su mayoría, aunque también tuvo algunos persas y de angora.

La pintora vivió en una especie de *ménage à trois* con el diplomático y artista plástico Stanislao Lepri y el escritor Constantin Jelenski, que debían luchar por ganarse las atenciones de su amada cuando estaba con sus adorados felinos.

Leonor Fini amaba tanto a sus gatos que no sólo les concedió un piso entero de la casa, sino que además contrató asistentes para que se ocuparan de ellos. Los felinos se movían a sus anchas por toda la residencia, tenían absoluta libertad. Podían dormir sobre la cama de Fini y, a la hora de comer, se les permitía pasear sobre la mesa para probar los platos.

Por supuesto, más de un invitado se quejó de ese comportamiento ante su anfitriona, pero ella no atendía a sus quejas porque lo primero para la pintora eran sus gatos.

En su arte, Fini utilizó a los mininos y a las mujeres como sus musas. El gato era su tótem; para ella simbolizaba un mensajero con una gran fuerza psíquica inconsciente. Sus pinturas representaban mujeres felinas y poderosas, y también esfinges y gatos domésticos.

En una ocasión, uno de sus gatos cayó enfermo y esto causó en Fini una grave depresión de la que tardó en reponerse.

Esta numerosa familia la acompañó durante toda su vida; Leonor Fini vivió en esa comunidad ideal hasta el día de su muerte.

Gatos limpiadores de energía

Las personas que trabajan con las energías del hogar, como los expertos en *feng shui,* aseguran que los gatos limpian la energía negativa de la casa. Así como los perros eligen el lugar con mejor *feng shui,* los felinos se instalan en los centros de peor calidad energética para regenerarla. Tal vez por eso una vivienda con gato siempre transmite calma y armonía.

«Cuando tengo un mal día, no se separa de mí»

Anna (filóloga)
Gata: *Gilda*

Gilda llegó a mi vida en un momento muy difícil. Acababa de separarme de mi pareja y estaba buscando piso.

Decidí que en cuanto encontrara dónde vivir, lo primero que haría sería buscar a un gato al que cuidar.

Siempre me han gustado los gatos, pero nunca había tenido uno. Tenía la sensación de que podría llevarme bien con un felino: son pacientes y tienen un sexto sentido que siempre me ha fascinado.

Un día fui a visitar a una amiga que tenía una gata que acababa de parir. Entre las crías había una gatita con la que empecé a jugar al instante. Congeniamos enseguida. Me sentí tan a gusto con ella que decidí que ésa iba a ser mi pequeña compañera en la nueva vida que estaba iniciando.

La llamé Gilda en honor al personaje que interpreta Rita Hayworth.

Siempre he admirado a las mujeres fuertes y con carácter y sabía que mi Gilda iba a ser así. No me equivocaba.

En cuanto llegó a casa, demostró qué pie calzaba. Era muy pequeña, pero, en vez de buscarme, se dedicaba a esconderse por todas partes, incluso se dormía en los lugares más insospechados.

Recuerdo una vez que la encontré durmiendo en el cajón de los CD.

Le encanta esconderse en los lugares en los que ella no puede ser vista, pero que le permiten observar todo lo que ocurre a su alrededor.

Yo tenía que madrugar para ir al trabajo y no volvía hasta muy tarde, así que me despertaba un rato antes para poder estar con ella y que no se sintiera tan sola.

Siempre que estaba en casa me gustaba jugar con Gilda, estimular sus sentidos para que no acabara siendo una gata aburrida y apagada. Quizá me pasé un poco, porque durante meses mis brazos estuvieron decorados por sus arañazos, pues ella se lanzaba a jugar conmigo sin saber dónde estaba el límite.

De pequeña era muy sociable. Saludaba y jugaba con todos los que venían a casa, pero con el tiempo se ha vuelto muy territorial y posesiva conmigo. Es como si yo fuera sólo para ella, de su propiedad. Por eso actúa como si cualquier visita fuera no sólo un intruso en su terreno, sino un usurpador.

Cuando se queda alguna amiga o amigo a dormir en casa, lo ataca sin ningún miramiento. Les advierte de esta forma que no acepta la competencia.

Desde hace unos años, vivo de nuevo con mis padres, y cuando yo estoy en casa, sólo quiere estar conmigo. Eso sí, a la hora de pedir comida, acude a mi madre, porque sabe que ella le preparará algo más suculento que el pienso para gatos.

Precisamente a la hora de comer, Gilda es muy especial. Es muy sibarita. Le encanta el chocolate y el jamón, pero sólo si es del bueno.

En una ocasión, cuando era pequeña, se subió a la mesa y me arrebató del plato el filete de carne que me iba a comer. Lo arrastró por toda la casa. Fue una imagen muy curiosa, porque el trozo de carne era más grande que ella.

A Gilda *le gusta ante todo estar conmigo. Cuando estoy estudiando, se sube a la mesa y pisotea los apuntes, o se pasea por el teclado del ordenador. Y cuando me voy a dormir, sube a mi cama y se acurruca sobre mi tripa. Debe de ser el lugar más cálido que encuentra. Y es que me he dado cuenta de que es muy friolera. En invierno le gusta meterse en el armario, entre la ropa de lana.*

*Una vez me la encontré metida en la cama, con la cabecita en la almohada y tapada con las mantas: como una personita. Creo que lo de poner la cabeza en la almohada es por el olor a ropa limpia. Le encanta tumbarse encima de la ropa lavada y recién planchada. También le gusta meterse bajo el tendedero, cubierta por la ropa todavía m*ᵒⁱ*ada, para aspirar el olor a detergente.*

Reconozco que siento una gran debilidad por Gilda. Le permito muchos caprichos y la ᵒⁿ*siento, pero es porque ha estado a mi lado en algunos momentos muy duros de mi vida y la quiero de una manera muy especial. Es mi manera de agradecerle que esté ahí. Por eso la cuido, porque sé que ella cuida de mí.*

Cuando tengo un mal día, no se separa de mí; es como si supiera leer mis emociones mejor que yo misma. Hace lo mismo cuando, por ejemplo, tengo dolor de espalda: se coloca sobre el lugar que me duele, y su contacto me alivia. Saber que está conmigo me reconforta, a pesar de que se enfade con las visitas, de que me castigue si la hago dormir fuera de la habitación porque estoy con mi pareja, o de que me empuje con las patas cuando se enfurruña.

A pesar de todo, me gusta llevarla sobre mi hombro cuando la veo cansada o cariñosa; las dos nos vamos a la habitación, nos tumbamos en la cama y empieza una larga sesión de mimos. Podría decirse que es una amiga que siempre está ahí y que no necesita que le explique lo que me ocurre para comprenderme.

Socks y la familia Clinton y Betty Currie

Esta historia no habla de la relación de un hombre o una mujer famosa con un gato, sino de la relación de un gato famoso con muchas personas. De un gato que dio amor y al que mucha gente llegó a amar.

Socks era un felino de dos colores que saltó a los brazos de Chelsea, la hija del presidente Clinton, mientras estaba tomando clases de piano en Arkansas.

En cuanto la niña vio a *Socks*, sintió un flechazo y decidió presentárselo al resto de la familia. Al conocerlo, todos ellos se quedaron igual de prendados que Chelsea, por lo que adoptaron al felino de inmediato.

Su nombre, cuya traducción es «Calcetines», se debe al hecho singular de que tenía todo el pelo de color negro, menos las patitas, que eran blancas, como si llevara unos elegantes calcetines recién estrenados.

En más de una ocasión, Bill Clinton tuvo que llamar la atención a los fotógrafos, antes de mudarse a la Casa Blanca, para que dejaran tranquilo al gato, ya que lo perseguían por todas partes para fotografiarlo.

En Estados Unidos existe la tradición de que las familias del Partido Republicano se fotografíen con sus perros al llegar al poder, pero nunca con sus gatos, debido seguramente a las supersticiones populares que asocian a los felinos con la brujería. Probablemente, por esa misma razón siempre se había desaconsejado que la familia del nuevo presidente apareciera fotografiada junto a un gato.

Sin embargo, *Socks* cambió esa tradición. Cuando los Clinton llegaron a la Casa Blanca, su imagen junto con el pequeño felino apareció en todas partes. El gato se hizo tan popular y querido que, durante el mandato de Bill Clinton, llegó a recibir más de cien mil cartas de fans a su nombre.

En vista de toda aquella correspondencia y del amor que tantas personas profesaban al gato, los Clinton decidieron contestar a sus admiradores y, para ello, pidieron ayuda a un equipo de voluntarios con el fin de responder una a una todas las cartas. Todas las respuestas acababan con una huella de *Socks* como firma.

La fiebre del gato se contagió y el escritor y dibujante Michael O'Donoghue publicó el libro *Socks va a Washington*. Intentaron hacer algunos videojuegos sobre él, e incluso fue secuestrado en un capítulo del *show* de Murphy Brown...

Pero *Socks* no sólo era querido por la audiencia; también el personal de la Casa Blanca apreciaba enormemente al pequeño gato, y las visitas disfrutaban de su compañía. Este célebre felino salía para ver a los miembros de su club de fans en escuelas, asilos, etc. Pero, además de la familia Clinton, había alguien más que le quería con locura: la secretaria personal del presidente, Betty Currie.

Siempre que estaba trabajando en su mesa, Betty recibía la visita de *Socks*, que se hacía un ovillo junto a ella.

Pero un día la familia Clinton decidió adoptar a un labrador al que llamaron *Buddy,* y *Socks* nunca pudo aceptar al nuevo miembro de la familia. La frase «se llevan como el perro y el gato» parecía hecha para ellos. Cuando Bill y su esposa Hillary tuvieron que abandonar la Casa Blanca, no sabían qué hacer. No podían quedarse con ambos porque se llevaban fatal.

Fue Betty quien ofreció una solución: adoptó a *Socks* y se llevó a su querido amigo a su hogar. Tanto ella como su marido lo recibieron con los brazos abiertos y el gato se sintió como en casa.

Betty disfrutaba paseando con su gato, cocinando pollo para él y, mientras le fue posible, recaudando fondos para caridad con postales con su huella... Pero finalmente *Socks*, a los veinte años de edad, desarrolló un cáncer que no le permitía caminar ni comer, y Betty tuvo que tomar la dolorosa decisión de dormirle para siempre.

Sus cenizas fueron repartidas entre el lugar por el que más le gustaba pasear y su hogar natal. Tras la casa del gobernador de Arkansas, justo donde queda la cocina, hay una placa conmemorativa donde puede leerse: «Por aquí es por donde *Socks* salía a vagabundear, por aquel porche trasero. *Socks*, 1991-2009. Primer gato de Arkansas, 1991-1993. Primer gato de EE.UU., 1993-2001».

La urna que contenía sus cenizas se encuentra ahora en la biblioteca de los Clinton.

Gatos de cementerio

Los pequeños felinos son grandes amantes de la tranquilidad, por lo que no es raro que se instalen en los cementerios. Los paseantes descubrirán en los célebres camposantos de Highgate (Londres), Pere Lachaise (París) o en el Cementerio Protestante de Roma misteriosos gatos que parecen guardar con celo la memoria de los difuntos.

Florence Nightingale y *Bismarck*

La enfermera y filántropa Florence Nightingale es conocida por sus grandes logros y labores humanitarias, sobre todo en el terreno de la enfermería.

Una faceta menos conocida de esta mujer es que fue una devota amante de los gatos, pequeños compañeros de fatigas que la acompañaron a lo largo de toda su vida.

Florence consiguió estudiar matemáticas con diferentes profesores, centrándose en el estudio de la estadística. Sin embargo, después se decantó por la enfermería y el trabajo relacionado con los hospitales. Precisamente fueron las matemáticas, y en especial la estadística, las que le permitieron aplicar nuevas ideas al mundo sanitario y a la forma de tratar las epidemias. Pudo poner en práctica las mejoras de las condiciones sanitarias en los campos de batalla, pues Nightingale pasó gran parte de su vida en hospitales de campaña, en plena guerra. Actualmente se la considera la madre de la enfermería moderna.

Sin embargo, cuando la joven Florence partió hacia la guerra de Crimea, no lo hizo sola. La acompañaron sus siempre fieles *Bismarck*, al cual había bautizado así en honor al Canciller de Hierro —Otto von Bismarck, fundador del Estado alemán moderno—, *Gladstone* y *Disraeli*, ambos con los nombres de dos primeros ministros ingleses.

Nightingale había pasado su vida rodeada de gatos y para ella era natural llevárselos a donde ella fuera, a pesar de que se tratara de un lugar inhóspito. Lo cierto fue que allí, en plena guerra, sus gatos le dieron cariño y alegría en los momentos amargos.

Pero, además, en Crimea se unió a la familia una gatita turca de angora. Un soldado se percató del amor que la enfermera sentía por los felinos, y cuando encontró al animal, no dudó en entregársela. La llamó *Houri.*

Cuando Nightingale regresó de la guerra, no pudo continuar con su trabajo como enfermera, ya que había contraído una enfermedad llamada brucelosis que la obligaba a estar siempre en cama. Aun así, continuó su trabajo como estudiosa de la enfermería, para mejorar la sanidad y los cuidados que se practicaban en su época.

A lo largo de su vida publicó libros, artículos y panfletos que intentaban ilustrar a sus contemporáneos sobre la higiene de los pacientes, cómo contener epidemias y otro tipo de consejos. A pesar de que Nightingale permaneció toda su vida soltera, nunca estuvo sola.

Cuando *Bismarck* montaba guardia

Contra el prejuicio de los que dicen, sin base alguna, que los gatos son caprichosos y traicioneros, los dueños de estas mascotas saben que en los peores momentos un felino nunca deja solo a su amo. El gato lee el estado de ánimo y el tono vital de su dueño. Por eso, cuando Nightingale estaba postrada en la cama, su fiel *Bismarck* no se alejaba de su lado en ningún momento. A menudo el gato se acurrucaba junto a la parte del cuerpo donde Florence sentía dolor, lo que demuestra que los felinos son expertos diagnosticadores y sanadores sutiles.

«Hay una estrecha relación entre "el gato" y los físicos modernos»

Sonia (física cuántica)
Gato: la paradoja del gato de Schrödinger

No tengo gato, pero como física cuántica que soy, podemos decir que tengo una estrecha relación con los gatos, aunque sea únicamente en la teoría.

Los gatos o, mejor dicho, «el gato» ha pasado a desempeñar un papel fundamental en la vida de los físicos desde 1935.

Preguntad a cualquiera de ellos «¿qué ocurre con "el gato"?», y la mínima reacción que obtendréis será un profundo suspiro. Stephen Hawking ha llegado a decir: «Cada vez que escucho hablar de ese gato, empiezo a sacar mi pistola».

Los defensores de los animales pueden respirar tranquilos, pues me temo que la víctima de tal amenaza no es el pobre felino, sino el incauto que se atreva a sacar a relucir el tema...

¿Quién es el responsable de esta relación de amor-odio hacia este inofensivo animal? Se trata de uno de los padres de la física cuántica: el reconocido físico teórico Erwin Schrödinger.

Con el objetivo de mostrar algunas de las características más extrañas de la física cuántica, Schrödinger realizó un Gedanken Experiment *(experimento mental) que pasó a ser mundialmente conocido como «la paradoja del gato de Schrödinger».*

En este experimento mental, teóricamente se encerraba al gato dentro de una robusta caja opaca. No había un solo agujero por el que se pudiera ver al animal. En la caja también metieron un cruel dispositivo: un frasco que encerraba un gas venenoso.

Si el dispositivo se activaba, el gas se liberaría y el gato moriría al instante.

Hasta este punto, el experimento parece simplemente una idea un tanto macabra, pero sin mayor relevancia. Sin embargo, la paradoja empieza cuando la responsable de activar el dispositivo es una partícula cuántica: una partícula radiactiva con un 50 por ciento de probabilidades de desintegrarse en un tiempo determinado.

Si la partícula se desintegraba en ese tiempo, el dispositivo se activaría y el frasco se rompería.

Resultado: gato muerto.

Sin embargo, si la partícula no se desintegraba, el dispositivo no se activaría y el gas nunca se liberaría.

Resultado: gato vivo.

La partícula tenía dos probabilidades: desintegrarse o no desintegrarse. Sin embargo, según las extrañas leyes de la física cuántica, aquella partícula se vio obligada a hacer las dos cosas a la vez: se habría desintegrado y no se habría desintegrado. Ambas posibilidades existieron simultáneamente y, por lo tanto, el dispositivo se activó y no se activó.

Esto nos lleva a una conclusión inevitable: el gato acabó muerto y vivo al mismo tiempo.

Hasta que la caja no se abriera, el animal estaría en lo que los físicos denominamos un estado de superposición. El principio de superposición nos dice que todas las posibilidades existen al mismo tiempo. En el universo cuántico las cosas pueden estar en dos sitios, pueden ser de color negro y blanco a la vez o ir hacia la izquierda y la derecha simultáneamente. Si recorriésemos un ca-

mino cuántico y nos encontrásemos en una bifurcación, podríamos pasar por ambos caminos…, a la vez.

Sin embargo, con el simple hecho de observar (lo que los físicos llamarían realizar una medida), estas superposiciones desaparecen.

¿Qué pasó entonces con el gato? En el momento en que hubiesen abierto la caja para ver cómo se podía estar vivo y muerto a la vez, tan sólo una de las dos posibilidades habría sobrevivido. Con la simple acción de observar, la realidad se habría definido y ya sólo habrían encontrado el gato vivo o muerto, pero no ambas cosas a la vez.

Sin embargo, la paradoja del gato de Schrödinger no nos cuenta el final de la historia. Los físicos se quedaron tan atónitos con ese extraño principio de superposición (poder estar vivo y muerto a la vez) que nadie se acordó de abrir la caja.

El gato está desde entonces en un estado de superposición: vivo y muerto eternamente.

Alexandre Alekhine y *Ajedrez* y *Jaque Mate*

El ajedrecista ruso Alexandre Alekhine tenía un talismán muy especial en sus gatos. Fue campeón del mundo de ajedrez nada más y nada menos que diecisiete veces; alguno de sus oponentes declaró: «Supe que tendría problemas en cuanto lo vi aparecer con ese maldito animal».

Alekhine tenía dos gatos llamados *Ajedrez* y *Jaque Mate*.

Ajedrez era un gato siamés al que llevaba a menudo a las partidas contra Max Eure, uno de sus contrincantes. Dicen que Eure era alérgico a los gatos y que por eso Alekhine llevaba a *Ajedrez* consigo, pero la misma víctima aseguraba que no lo hacía por eso. Sabía que los gatos daban confianza a Alekhine y que por ese motivo se los llevaba con él a las competiciones.

Pero no siempre llevaba a *Ajedrez*, a veces también le acompañaba *Jaque Mate*, aunque el ritual con ambos era el mismo. Antes de cada partida, Alekhine dejaba al gato en el tablero y el animal olía las piezas, como si estuviera controlando que todo estuviera bien.

A veces, durante la partida, echaba de allí a los gatos porque le desconcentraban, pero no se iban lejos.

Lo que demuestra que los gatos eran un talismán para el campeón es que, un día, en lugar de aparecer con ellos, se presentó en la competición de ajedrez con un jersey que tenía bordado un gato.

Los felinos han servido de inspiración a muchos escritores; en el caso de Alekhine, al parecer los gatos le aseguraban las victorias.

El gato negro y la suerte

Muchos aficionados a las cartas, así como otros juegos de azar, consideran que tocar un gato negro antes de la partida trae fortuna. Asimismo, en algunas culturas tener un gato negro en casa aleja los malos espíritus y atrae las buenas noticias. Prueba de esta superstición es que algunas célebres administraciones de lotería en España tienen esta mascota como emblema.

Jorge Luis Borges y *Beppo*

Otro hombre fascinado desde la niñez por los felinos fue el escritor Jorge Luis Borges, quien adoraba a los gatos y sentía asimismo una gran atracción por los grandes felinos.

Fue al final de su vida cuando el escritor decidió adoptar dos gatitos a los que bautizó como *Odín* y *Pepo*. Al anciano, ya con problemas de salud y achacado por una enfermedad congénita que lo dejaría paulatinamente ciego, le gustaba sentir cómo los gatos rezongaban entre sus piernas y jugaban a toda velocidad cruzándose por su camino.

Podría parecer peligroso dadas sus circunstancias, ya que podía tropezar con ellos y caer, pero para Borges convivir con sus gatos constituía una gran alegría y una continua fuente de anécdotas.

Pronto uno de los dos mininos pasó a ser su preferido. Se trataba del pequeño *Pepo*, un gato blanco, un poco irascible pero fiel y amoroso, que fue rebautizado como *Beppo*, en honor al personaje que aparece en el poema de lord Byron y que el propio poeta británico utilizó para bautizar a uno de sus gatos.

Borges vivió enamorado de *Beppo* hasta tal punto que le dedicó uno de sus poemas más conocidos, que incluyó en su libro *La cifra*:

Beppo

*El gato blanco y célibe se mira
en la lúcida luna del espejo*

y no puede saber que esa blancura
y esos ojos de oro que no ha visto
nunca en la casa son su propia imagen.
¿Quién le dirá que el otro que lo observa
es apenas un sueño del espejo?
Me digo que esos gatos armoniosos,
el de cristal y el de caliente sangre,
son simulacros que concede el tiempo
un arquetipo eterno.
Así lo afirma, sombra también,
Plotino en las Enéadas.
¿De qué Adán anterior al paraíso,
de qué divinidad indescifrable
somos los hombres un espejo roto?

El escritor también escribió un poema titulado «A un gato»:

A un gato

No son más silenciosos los espejos
ni más furtiva el alba aventurera;
eres, bajo la luna, esa pantera
que nos es dado divisar de lejos.
Por obra indescifrable de un decreto
divino, te buscamos vanamente;
tuya es la soledad, tuyo el secreto.
Tu lomo condesciende a la morosa
caricia de mi mano. Has admitido,
desde esa eternidad que ya es olvido,
el amor de la mano recelosa.
En otro tiempo estás. Eres el dueño
de un ámbito cerrado como un sueño.

Lenin y sus dos gatos

El estadista y revolucionario ruso, cuyo verdadero nombre era Vladimir Ilich Uliánov, tuvo una vida novelesca. La prematura y trágica muerte de uno de sus seis hermanos —murió ahorcado por intentar asesinar al zar—, el exilio y su llegada al poder fueron algunas de las experiencias que marcaron su carácter fuerte y contradictorio.

Por todos es conocido el odio que Lenin sentía por la familia de los zares, los Romanov. Sin embargo, cuando se enteró de que en la masacre de Ekaterinburgo no sólo había muerto la familia real, sino también el perro de la archiduquesa Anastasia, Lenin se disgustó profundamente. Y es que uno de sus puntos débiles eran los animales.

Pero no sólo los animales ablandaban el corazón del político, sino también la música y los niños. Avanzada ya su vida, en plena revolución, decía que evitaba escuchar música clásica porque «me recuerda que tengo corazón, me alborota el lagrimal, y son dos lujos que no me puedo permitir a estas alturas».

Tal vez por eso evitó tener hijos, aunque en sus últimos años lamentó no haberlos tenido. Le faltaba tiempo, estaba demasiado ocupado con la política, así que tampoco habría encontrado el momento.

Lo que sí se permitió fue tener mascotas. Amaba a todos los animales, pero sentía cierta predilección por los gatos. Sus mascotas eran dos gatos melenudos a los que adoraba. Durante las entrevistas y las charlas que daba, no era raro encontrar en su regazo uno de los gatos, al que iba acariciando mientras él hablaba con la pasión acostumbrada sobre los grandes temas.

Lenin fue lo que hoy se llamaría un adicto al trabajo y por ello todas las mujeres que le acompañaron fueron también compañeras de fatigas en su revolución. Eso sí, siempre tuvo un rato para sus gatos.

La vibración de la felicidad

No se sabe a ciencia cierta cuál es la función del ronroneo, pero se ha demostrado que esta suave vibración tiene efectos relajantes en la persona que acaricia al animal. Incluso entre ejemplares de la misma especie, el ronroneo se utiliza cuando un gato se subordina a otro en el curso de una pelea. Cuando eso ocurre, esta vibración placentera apacigua al agresor y en la mayoría de casos desactiva la hostilidad.

Osvaldo Soriano y *Pulqui*

El escritor y periodista argentino Osvaldo Soriano ha vivido siempre acompañado de gatos y es incapaz de concebir la vida de quien se dedica a su oficio sin uno al lado. Como él dice: «*Un escritor sin gato es como un ciego sin lazarillo*».

Soriano explica que al nacer ya había un gato esperándole en la puerta. Piensa en todos los escritores importantes que le han precedido y acompañado a lo largo de los años, y siempre reconoce la silueta de un minino junto a él. Es la influencia felina, como una magia nocturna, la que ayuda al escritor a continuar tecleando en las peores horas.

Cuenta que un gato le ha acompañado en los momentos más difíciles, otro le ha traído soluciones cuando las necesitaba, un tercero estuvo con él durante el exilio y murió en Buenos Aires, otro le sacó de muchos apuros cuando intentaba escribir *A sus plantas rendido un León...*

Este argentino tiene miles de anécdotas con los gatos como protagonistas. A una de sus novias, por ejemplo, la dejó poco después de empezar la relación porque la dama resultó ser alérgica a los gatos.

También cuenta una historia de la época en la que vivió en un quinto piso. Se trataba de un lugar completamente inaccesible y al que sin embargo llegó sin problemas un gato funambulista. ¿Cómo lo hizo? Trepando por los desagües hasta su ventana.

El escritor confiesa que siempre intenta incluir a un gato en sus novelas porque eso le da seguridad. Es también su manera de agradecerles la inspiración y la compañía. Un ejemplo de ello es su quinta novela, *Una sombra ya pronto serás*, en la que hizo aparecer un gato al principio y otro al final de la obra.

Pero cuando piensa qué ha aprendido de sus compañeros felinos, reconoce que sólo se le ha pegado la pereza y un poco la distancia que mantienen, pero la sutileza que los caracteriza nunca ha llegado a captarla.

Ahora comparte su vida con varios gatos. Uno de ellos, una gata, suele descansar junto a su teclado y para escribir tiene que retirarla con suavidad mientras ella sigue lamiéndose con elegancia las patas, como si eso no fuera con ella.

Entre sus recuerdos de infancia guarda un lugar especial para su gato *Pulqui*, con el que corría todo tipo de aventuras en las que el felino representaba siempre el papel de león, pirata, bandolero… El juego era sencillo: tras divisarlo entre los arbustos y las plantas del jardín, se lanzaba sobre él para abatirlo.

Hoy en día ya no se abalanza sobre su gato, pero puede contemplar cómo su hijo y su gata *Virgula* emulan antiguas aventuras.

Los gatos son grandes compañeros de juegos para los niños, con los que se aprende y se disfrutan, en sus propias palabras, «los grandes misterios de la creación a domicilio».

¿Cuántas preguntas tiene un gato?

Esta cuestión aparece en *El libro de las preguntas* de Pablo Neruda. Por su mirada profunda e inquietante y su extraña calma, los gatos siempre han sido sinónimo de misterio y reflexión. Por eso se les relaciona con la vida interior y han estado presentes en muchas tradiciones espirituales, desde la del Antiguo Egipto al islam.

«Me gusta verlos juntos, porque el pequeño ha despertado por fin esa dulzura que Zoe tenía tan bien escondida»

Noemí (restauradora)
Gata: _Zoe_

Zoe es un pequeño desastre, pero la quiero con locura. Nunca me hubiera imaginado que me gustaría tanto su compañía.

Cuando me fui de casa de mis padres, ella se vino conmigo y empezó nuestra historia particular. En casa nunca habíamos tenido gatos. Mis padres tenían un perro, y lo adorábamos, pero cuando se murió, todos tuvimos la necesidad de que otro animal entrara en nuestras vidas. El primer impulso fue buscar otro perro, pero luego pensé que, teniendo en cuenta la cantidad de horas que pasábamos fuera de casa tanto mis padres como yo, lo mejor sería encontrar un gato.

Y lo encontramos. Una gata persa azul preciosa a la que llamamos Zoe.

Aunque es vital y juguetona, Zoe tiene un carácter arisco y es muy posesiva. Necesita ser el centro de atención. Eso lo descubrimos cuando se nos ocurrió adoptar a otro gatito para que le hiciera compañía: Bruno, otro persa, pero de color crema. Pensábamos que jugarían juntos, pero Zoe lo ignoraba por completo. Bueno, ignorarlo no sería del todo exacto. Bruno era todavía pequeñín y se acercaba a Zoe buscando protección maternal y afecto, pero lo único que encontraba eran bufidos. A veces hasta lo marcaba para que se mantuviera a distancia.

Y es que Zoe se sentía muy celosa: el gatito estaba robándole el protagonismo y eso no le gustaba en absoluto. Así que se volvió todavía más arisca. Supongo que el hecho de que Bruno fuera tan cariñoso con todos no ayudó. Pero bueno, Bruno ha acabado siendo el gato de mi madre y yo me he llevado a Zoe a casa.

Pobrecita, parece que sea un bicho, y la verdad es que un poco sí que lo es, pero… Cuando nos mudamos a mi piso, no se adaptó nada bien y empezó a marcarlo todo. Me desesperaba, porque se hacía pipí en las cortinas, en el sofá, en todas partes. Parecía que me estuviera castigando, pero yo sabía que era su manera de decirme que no estaba a gusto allí, que no le agradaba el cambio.

Con ayuda de un veterinario, que le dio homeopatía, conseguimos que se calmara y que aceptara la nueva casa.

Cuando me quedé embarazada pensé que quizá, cuando llegara el pequeño, volvería a las andadas y marcaría nuevamente la casa para decirme que ese cambio tampoco le gustaba, sobre todo teniendo en cuenta lo celosa que era.

Pero no ha sido así. Es muy curioso, porque con los adultos sigue siendo arisca y poco mimosa, pero con el pequeño se deja hacer de todo. Mi hijo tiene ahora año y medio y no es precisamente un santo con la pobre Zoe. Sin embargo, ella ni le bufa, ni le araña. Se porta muy bien. De hecho, se adoran mutuamente. Hasta comparten la comida.

Me gusta verlos juntos, porque el pequeño ha despertado por fin esa dulzura que Zoe tenía tan bien escondida. Yo sabía que no tenía que rendirme con ella, porque por muy desastre que sea, en el fondo nos quiere, tanto a mí como a mi hijo, de la misma manera que nosotros la queremos a ella.

Me gusta mucho que cada día, cuando llego a casa, Zoe esté esperándome en la puerta. Siempre me recibe restregándose contra mis piernas, como diciéndome: «Hola, qué bien que hayas llegado».

A veces lo hace con tanta rapidez que pienso que me tirará al suelo. Pero sé que es su forma de mostrarme su afecto. Otros animales son más expresivos, más ruidosos, pero los gatos no. Es una de las cosas que me gusta de Zoe.

Y a pesar de haber sido tan bicho y de que a veces sigue siéndolo, me tiene robado el corazón.

Herbert George Wells
y *Mr. Peter Wells*

El escritor y filósofo inglés Herbert George Wells, más conocido como H. G. Wells, también fue un creador literario que tuvo a su lado a un gato como ayudante. Su nombre era *Mr. Peter Wells*.

Dicen que ésa fue la manera en que el escritor quiso demostrar a todos que el gato no era simplemente una mascota, sino que formaba parte de la familia, y que por eso llevaba su apellido.

Mr. Peter era muy especial; no se trataba de un minino común con costumbres normales. Al parecer, era muy quisquilloso. Se dice que no soportaba los sonidos fuertes, ni tampoco que se hablara demasiado.

Si H. G. Wells lo hacía, el gato, malhumorado, bajaba de su silla y se marchaba de la habitación quejándose por lo bajo.

La hipersensibilidad de los gatos

A diferencia de los perros, que nunca tienen suficientes caricias, a los gatos les gusta dosificar las atenciones que reciben de sus compañeros humanos. No es extraño que, tras dejarse acariciar unos segundos, el felino amague con arañar porque desea recuperar su tranquilidad.

Ese mismo anhelo está detrás de una chocante conducta felina: ante una reunión de invitados, el gato acostumbra a elegir el regazo de aquel al que le dan miedo o no le gustan los felinos. El motivo subyacente es que detecta la aversión o miedo y sabe que esa persona no va a molestar su descanso con constantes caricias.

Theodore Roosevelt y *Tom Quartz* y *Slippers*

El presidente Roosevelt fue conocido no sólo por ser uno de los políticos más decisivos en la historia de Estados Unidos, sino también por su ferviente amor a los animales, de los que se rodeó a lo largo de su vida; una pasión que contagió a sus hijos. Éstos tuvieron serpientes, perros, gatos, pájaros, cobayas... Es fácil imaginar los estragos que estos animales llegaron a ocasionar en la Casa Blanca cuando la familia Roosevelt se trasladó a vivir allí.

Pero no sólo se llevaron a la Casa Blanca a los animales de los hijos del presidente, también fueron al número 1600 de Pennsylvanian Avenue dos compañeros especiales que Roosevelt tenía.

Estamos hablando de sus dos gatos, *Tom Quartz* y *Slippers*, un gato y una gata con los que solía conversar muy a menudo. *Slippers*, nombre que traducido significa «Zapatillas», sufría de polidactia y por ello tenía seis dedos en las patitas.

Roosevelt escribía a menudo a su hijo Kermit. En sus cartas siempre hablaba de lo ocurrido con sus gatos, y por eso se conservan diversas anécdotas sobre los felinos del presidente.

Las historias que contaba Roosevelt eran muy diversas. Podía explicar cómo el astuto *Tom* había tendido una emboscada a *Jack*, el perro de la familia, pero también los problemas que *Slippers* le causaba por su costumbre de estirarse en los sitios y no moverse de allí, aunque hubiera un terremoto. Le explicó

que, en una ocasión, había celebrado una cena con un embajador y su mujer, y cuando fue a acompañarlos a la salida, allí estaba *Slippers*, estirada en medio del pasillo. Conociéndola, tuvo
que dar la mano educadamente a la mujer del embajador y
acompañarla dando un rodeo para esquivar a la gata, porque
sabía que no se movería de donde estaba.

A pesar de todas estas travesuras, Roosevelt adoraba a sus
gatos y no pasaba un día sin sus charlas y su sesión de juegos
con ellos.

La filosofía de *Slippers*

1. Puesto que el mundo no deja de girar, estate quieto
   y el mundo quedará al alcance de tu mano.
2. El único antídoto contra la agitación del mundo es
   echarse una buena siesta y esperar que pase el terremoto.
3. Sólo está justificado moverse si tienes claro cuál es
   tu destino.

Gustav Klimt y los gatos libres

Este pintor simbolista austríaco, una de las figuras más importantes del *art nouveau* de Viena, fue un auténtico entusiasta de los gatos. Su afición era tal que de joven llegaron a apodarlo el chico-gato.

De pequeño, su familia tuvo grandes problemas económicos a causa de la crisis del Imperio austrohúngaro, así que se vieron obligados a mudarse a menudo. Esos constantes cambios de domicilio, y por lo tanto de escuela, hicieron que el pequeño Gustav no pudiera relacionarse ni entablar amistades duraderas. Sin embargo, sí que conoció a otro tipo de amigos, aquellos que de adulto le acompañarían en su estudio: los gatos.

Cuando tuvo su propio lugar en el mundo y trabajaba como pintor, llegó a tener entre ocho y nueve gatos en su piso.

Klimt no soportaba el encierro, disfrutaba de la libertad, la misma que siempre se les ha supuesto a los gatos. Por eso mismo le gustaba tanto estar rodeado de ellos y dejar que camparan a sus anchas; ni siquiera les daba un nombre, porque hubiera sido una manera de marcarlos, de convertirlos en una propiedad. Sin nombre, podían hacer lo que quisieran, ser simplemente gatos. De esa manera, podían moverse por el estudio o salir de él sin preocuparse por nada.

Establecieron una relación libre: los gatos convivían con Klimt sin que éste les pidiera nada a cambio. Respetaban al pintor y a sus visitas y éste, a su vez, los respetaba a ellos.

El nombre secreto de los gatos

Según un poema de T. S. Elliot, el nombre de un gato refleja únicamente el alma de su dueño, es decir, lo que su compañero humano proyecta en él. Además de cómo lo bautizamos, todo gato tiene un nombre secreto que sólo él conoce. En palabras del poeta inglés: «Cuando sorprendan a un gato en intensa meditación, la causa, les advierto, es siempre la misma: su mente está entregada a la contemplación del pensamiento, del pensamiento de su nombre, su inefable, efable, efinefable, profundo e inescrutable Nombre único».

Victor Hugo y *Chanoine*

El autor de *Los miserables* fue un gran amante de los gatos, como demuestran las páginas y páginas que dedicó a estos animales en sus diarios personales. Convivieron con él dos gatos: *Chanoine* y su adorado *Mouche*.

Así como acerca de *Mouche* no han llegado a nuestros días historias concretas, sí que sabemos algo sobre *Chanoine*.

Al principio, el nombre de esta gata era *Gavroche*, un nombre que también aparece en la obra *Los miserables*, que Hugo publicó en 1862. ¿Por qué el escritor cambió el nombre a su gata? Por una curiosa manía que tenía su preciosa gatita. Y es que *Gavroche* sufría de ventosidades, y por si eso fuera poco, no se contentaba con sacarlas disimuladamente, como su condición femenina presupone. Todo lo contrario. Se paseaba por delante del escritor y, justo allí, ante los atónitos ojos del francés, «disparaba» sus proyectiles olorosos.

Por esta razón, Victor Hugo decidió cambiarle el nombre por el de *Chanoine*, que traducido significa «Cañón», porque afirmaba que su gata podía ser más mortal que una de estas armas.

Los gatos de Murakami

El amor a los gatos por parte de los escritores sigue en boga, y un buen ejemplo es el ilustre japonés Haruki Murakami. No sólo llamó a su club de jazz Peter Cat, sino que en su obra los gatos aparecen como preludio de acontecimientos decisivos. En su extensa *Crónica del pájaro que da cuerda al mundo,* la pérdida de un gato da inicio a una aventura surrealista por un barrio lleno de sorpresas. En *Kafka en la orilla,* el protagonista aprende a comunicarse telepáticamente con los felinos, lo que le permite salvar el mundo. En la novela de sus inicios, *La caza del carnero salvaje,* un gato viejo y muy dado a las ventosidades, como *Chanoine,* logra intimidar a un matón.

«Me gustan los gatos porque son autónomos»

Laura (administrativa)
Gatos: *Jerry, Maggie* y *Tico*

La verdad es que siempre me han gustado los animales. Cuando era pequeña, tuve algún hámster y al independizarme fui sobre seguro y ampliamos la familia con otro de esos animales. Luego tuvimos un conejo, y después conocí al gato de mi vecina.

Me enamoré de él inmediatamente. Era muy cariñoso y siempre estaba pidiendo mimos. Así que decidimos probar con los gatos. No es que no me gusten los perros, pero necesitas tener más tiempo para cuidarlos, porque tienes que sacarlos a pasear y reclaman más compañía.

Prefiero los gatos porque son más autónomos. Por supuesto, hay que estar pendientes de ellos, cambiarles la arena, ocuparse de la comida, aunque no necesitan que les pongas pienso constantemente, porque se lo distribuyen ellos solitos dependiendo del hambre que tengan. Son muy listos. Y, además, duermen mucho. Quizá por eso los envidio tanto.

Hablo de gatos en plural, porque no hemos podido quedarnos sólo con uno. Empezamos con un minino que nos dio una amiga cuya gata había tenido una camada. Lo llamamos Jerry y vino a nuestra casa con sólo un mes.

Es una mezcla de persa y tiene un poquito de mala leche, pero, claro, es que quiere ser el rey de la casa y eso no puede ser. Sobre todo porque después de él vino otro gato.

Habíamos ido a la perrera de Mataró. Estábamos en la sección de los felinos, mirando a todos aquellos gatitos, cuando uno negro de seis meses empezó a subirse sobre la espalda de mi pareja y a maullar. Lo dejaba en el suelo, y otra vez se subía a su espalda. Así cuatro veces.

Nosotros queríamos una gatita, pero al parecer había alguien que había decidido por nosotros. Dudamos un poco, porque no sabíamos si sería bueno que hubiera dos gatos machos en la misma casa, jovencitos..., pero al final decidimos quedarnos con ese pequeño gato negro. El pobrecito estuvo poco con nosotros porque murió el año pasado. Pero al menos tuvo una familia durante dos años.

Pero volviendo a la locura gatuna, tras haber aumentado en dos la familia, creímos que no éramos suficientes y adoptamos dos gatos más, de tres meses cada uno. Se trataba de una gatita hija de la gata de una amiga y un gato que una chica había encontrado en la calle.

Ahora ya tienen año y medio y, como llegaron juntos a casa, parecen hermanos. La gata se llama Maggie, como la pequeña de los Simpson. Es muy cariñosa y a veces se sube a tu regazo para que le hagas mimos. Cuando la llamas por su nombre, se oye su «miau» y parece que hasta te conteste.

El gato se llama Tico, como el ratón que aparece en Willy Fog. También es muy cariñoso, siempre está encima de mí y cuando lo llamo, viene enseguida.

Jerry, el veterano, a veces refunfuña para imponer las normas y marcar cierta distancia. Está un poco celoso, pero también es normal: fue el primero en llegar.

Parece que esté hablando de personas, pero la verdad es que, cuando vives con animales, aprendes que tienen su carácter, cada cual tiene su manera de actuar contigo. Lo importante es que se hacen querer y te quieren. Como buenos gatos que son, tienen sus momentos de ir a su aire, de «no me molestes que estoy tranquilamente aquí, tumbado en el sofá y no quiero que estés aquí ahora», pero también necesitan contacto.

Lo sé porque cuando estoy en casa, si voy a la cocina, vienen conmigo; si voy a la habitación, están allí en un momento. Si cierro la puerta de la habitación, se ponen tras la puerta a maullar y rascan con la pata porque quieren entrar. Y al llegar mi pareja, cuando está subiendo las escaleras, los gatos van a la puerta a esperarle.

Pero no todo es así de tranquilo. Algún que otro susto nos hemos llevado. Por ejemplo, cuando Tico tenía cinco meses, decidió investigar por su cuenta el cuarto de baño. Nos habíamos dejado la tapa del váter abierta, y como es muy curioso, se subió a la taza, resbaló y se cayó en el agua. Oí el ruido y fui corriendo hacia el lavabo. Cuando llegué a la puerta, lo vi saliendo de dentro del váter, empapado; saltó al suelo y se fue corriendo, dejándolo todo mojado. Por suerte, el agua estaba limpia.

A veces, cuando nos vamos unos días fuera, un amigo se queda con ellos, para vigilarlos, darles la comida y que sepan que no están solos. Cuando volvemos, parece que se vuelvan locos y no paran de ir detrás de nosotros, como si tuvieran miedo de que volvamos a marcharnos.

He de confesar que cada vez que veo gatos abandonados los cogería a todos, pero no tenemos espacio. Si nuestro piso fuera más grande, otro gallo cantaría.

El conde de Southampton y *Trixel*

El amor incondicional y la fidelidad suelen atribuirse sólo a los perros, mientras que de los gatos se dice que son libres, independientes y que, por eso mismo, a veces pueden llegar a ser traicioneros.

Pero nada más lejos de la realidad y, para demostrarlo, he aquí una historia de amor incondicional: la del conde de Southampton y su gata *Trixel*.

Corría el año 1601 y el final del trono de la reina Elizabeth parecía cerca. En ese mismo año, Henry Wriothesley, conde de Southampton, fue encarcelado en la Torre de Londres por prestar apoyo a la rebelión del conde de Essex.

Southampton se sentía sólo y aislado en aquella celda en las alturas, y ni siquiera sabía cuán largo sería su encierro. Poco se podía imaginar que su más querida compañera se aproximaba, saltando por los tejados, buscándole sin tregua por todo Londres.

Trixel era la gata preferida del conde, una minina negra con manchas blancas que adoraba a su dueño. Por eso, al ver que éste había desaparecido y no regresaba, salió a buscarlo.

Dice la leyenda que las gentes de Londres pudieron ver a la gata saltando por los tejados y escalando paredes hasta que halló la chimenea que daba a la celda de Southampton. Fue entonces cuando se encaramó hasta ella y pasó entre los barrotes que mantenían preso a su dueño. ¡Ya podéis imaginar su sorpresa y alegría!

Trixel y el conde pasaron en la Torre de Londres dos años, hasta que él fue liberado en 1603 con la subida al poder de Jaime I.

Al salir de la prisión, quisieron pintar un cuadro de Southampton tras su liberación, y él insistió en que *Trixel* debía salir
junto a él.

En Boughton House se puede contemplar esta pintura, donde podemos ver, a la derecha del conde, a *Trixel*, la hermosa
gata negra con manchas blancas en el hocico y las patitas, que
nunca abandonó a su dueño.

El gato que atravesó Rusia para reunirse con su familia

Uno de los casos más espectaculares de fidelidad felina
lo protagonizó un gato gris llamado *Karim*, que reco-
rrió 3.218 kilómetros a través de Rusia para reunirse
con su familia después de que ésta se mudara.

Sus dueños pensaron que *Karim* encontraría el cambio
demasiado molesto, así que pidieron a sus vecinos que se
quedaran con él. La mujer le dejó su sillón favorito y sus
cuencos de comida para que se sintiera cómodo.

Sin embargo, dos años más tarde encontraron a su
desaliñado y hambriento gato en la puerta de su nueva
casa en Liska. Para llegar hasta allí tuvo que cruzar tres
fronteras estatales.

El hombre de la casa, Lev Kondratyev, dijo a la prensa: «Llamamos para saber cómo estaba *Karim* un día
después de nuestra llegada a Liska, y nuestros vecinos
nos dijeron que se había escapado. Estuvimos varias
semanas esperando noticias, pero poco a poco perdi-
mos la esperanza. Creo que ha debido de usar sus siete
vidas para llegar hasta nosotros».

Mahoma y *Muezza*

Los devotos del islam son muy considerados con los gatos, y esto se debe a que uno de los *hadish*, o dichos del Profeta, sugiere que es importante cuidar de ellos.

Por las calles de las poblaciones musulmanas pueden verse a gatos sin dueño, felices y bien alimentados, durmiendo en cualquier lugar, incluso en las sillas de un restaurante, sin ser perturbados. El paseante puede alimentarlos mientras toma un té con hojas de menta fresca, porque es algo que está bien visto.

Si preguntamos a qué se debe este trato a los felinos, nos explicarán que todo es por una leyenda.

Mahoma sentía mucho afecto por los gatos, tanto que ellos siempre le acompañaban a su casa y a sus predicaciones. No era extraño ver al Profeta rodeado de felinos felices, algo que a él también le agradaba.

Pero a pesar de ese amor hacia todos los gatos, había una gata a la que Mahoma quería de forma especial: se trataba de *Muezza*.

La leyenda a la que todos se refieren fue recogida en Turquía, y en ella se cuenta que, en una ocasión, esta minina se quedó dormida en una de las mangas de Mahoma mientras él descansaba. Cuando llegó el momento de la oración, *Muezza* seguía durmiendo, y el Profeta prefirió cortar la manga de su vestimenta antes que molestarla. Al regresar, la gata le agradeció el gesto con una inclinación de cabeza, lo que hizo que Mahoma se sintiera complacido y alegre por tenerla a su lado.

Dicen que gracias al amor por *Muezza* todos los gatos tienen entrada en el paraíso, y que como a Mahoma le gustaba mucho acariciar el lomo de su gata, le concedió a ella y a todos los felinos el poder caer siempre de pie.

Las siete vidas del gato

Este dicho popular responde a la extraordinaria capacidad de los felinos para salir bien librados de las situaciones más difíciles. No sólo poseen un oído privilegiado que les advierte del peligro, y una agilidad y velocidad envidiables, sino que cuando caen tienen la prodigiosa capacidad de girarse en el aire para aterrizar de pie. Éste es el motivo por el que los llamados «gatos paracaidistas» sufren más daños cuando caen de pocos pisos, porque no les da tiempo a completar la operación, que cuando lo hacen desde alturas superiores. En este último caso, el gato se coloca en la posición correcta y relaja los músculos para amortiguar el impacto.

Tama y el sacerdote

En muchos escaparates podemos ver la figura de un gatito sonriente que mueve la pata como si nos invitara a entrar. Este divertido gato es originario del Japón y su nombre es Maneki Neko, también conocido como el gato de la suerte o de la fortuna.

Tradicionalmente, el Maneki Neko se confeccionaba en porcelana o cerámica y era la escultura de un gato saludando con la pata alzada. Recientemente la tecnología ha creado figuritas que ya pueden saludar por sí mismas. Su nombre, literalmente, significa «gato que invita a entrar».

Existen dos tipos de Maneki Neko: si tiene la pata derecha alzada atrae la prosperidad y el dinero, y si se trata de la izquierda, atrae las visitas.

Pero ¿de dónde procede esta figurita que ha salido del Japón para llegar a todo el mundo? ¿Cuál es el poder de este pequeño gato?

Antes de nada, deberíamos aclarar que se trata de una gata, porque el primer Maneki Neko fue creado en honor a *Tama*, una minina con una conocida leyenda en Japón.

Existía un templo en el Tokio del siglo XVII donde vivían el sacerdote encargado de cuidarlo y su gata *Tama*. El templo era muy pobre, y el sacerdote apenas tenía para comer. Aun así, siempre compartía lo que tenía con su pequeña amiga.

Una tarde se desató una terrible tormenta, y mientras la lluvia caía con fuerza, un hombre muy rico e importante pasó por

allí. Sin tener donde guarecerse, se refugió bajo un árbol cerca-
no al templo. Fue entonces, mientras esperaba, que el hombre
vio a *Tama*, que le hacía señas con la patita para que se acercara
al templo.

El potentado se sorprendió tanto por aquel gesto que fue inmediatamente hasta la gatita; justo cuando llegó al templo, un
rayo cayó sobre el árbol que le había guarecido.

Gracias a aquellos extraños sucesos, el hombre rico se hizo
amigo del sacerdote y le ayudó a mantener el templo. De esa
manera, ninguno de los dos, ni el bueno del sacerdote ni *Tama*,
volvieron a pasar hambre.

A la muerte de esta gata, se celebró un cariñoso entierro en
el cementerio para gatos del Templo Goutokuji y en su honor
crearon el Maneki Neko.

Gatos de alquiler

La pasión por los felinos en Japón es tan extrema que la
última tendencia son los llamados «gato café», locales
donde se puede alquilar una mascota por horas para
acariciarla y gozar de su compañía. Uno de los más
conocidos es el Ja La La Café de Tokio, donde la estre-
lla de alquiler es *Lola*, una paciente gata persa. A estos
establecimientos acuden amantes de los felinos que,
por falta de espacio o por sus constantes viajes, no
pueden tener un pequeño amigo en casa.

Desde entonces se han abierto negocios con otras
especies de alquiler, como conejos, hurones o incluso
escarabajos, que tienen una tarifa por hora más ba-
rata.

«Venía corriendo a verte, maullando de alegría»

Jose (delineante)
Gato: *Magic*

Magic *llegó a casa en 1993. Hacía unos meses que mi abuelo había muerto y mis padres pensaron que ese animalito podría ayudarnos a superar la tristeza.*

En esa época, yo todavía vivía con mis padres y mi abuela, y pasé grandes momentos con Magic. *Sin embargo, cuando me independicé, decidí no tener gato. Pasaba muchas horas fuera de casa y me era imposible poder cuidar de un animal como debía. Además,* Magic *seguía en casa de mis padres, así que podía visitarle siempre que quisiera.*

Era un siamés bastante curioso. Cuando era pequeño, llegamos a pensar que era ciego o que le pasaba algo en los ojos, porque se golpeaba contra todo lo que encontraba por el camino. Luego se le pasó.

Más tarde, empezó la época de intentar «escapar». Iba a saludar a cualquiera que entraba en casa. Venía corriendo a verte, maullando de alegría, y tú te pensabas que venía a saludarte, pero lo que realmente intentaba era salir por la puerta. Tenías que ser muy rápido en cerrarla, porque, si no, el muy pillo salía a la calle.

Era un gato muy cariñoso con todo el mundo, aunque a veces, después de reclamar mimos y de recibirlos, decidía morderte la mano. Era su forma particular de decirte que ya podías parar.

Mientras estuve en casa de mis padres, Magic se subía a mi cama a dormir, acomodándose sobre mis pies o entre mis piernas, lo que hacía que no me pudiera mover en toda la noche.

Cuando ya me había independizado, si iba a ver a mi familia y me quedaba a dormir, Magic rememoraba los viejos tiempos con una visita nocturna para acurrucarse en mi colchón.

Mi madre, cuando habla del gato, siempre recuerda una anécdota que ocurrió hace años. En aquella época, mi abuela vivía con nosotros y poco a poco se iba haciendo mayor, a la vez que perdía facultades. Todos teníamos muy consentido a Magic y le permitíamos que se subiera encima de nosotros, que nos arañara, que nos marcara con mordiscos cuando ya no quería jugar... Pero a mi abuela la respetaba de manera casi reverencial.

Cuando se rompió la cadera y se quedó muy débil, Magic se situaba en silencio a su lado y hasta que mi abuela no le hacía una señal para que subiera, no subía a su cama. La quería mucho.

Un día mi abuela se desplomó en medio del comedor. Había muerto.

El gato la encontró allí y se quedó en un rincón, observándola. Sabía que algo había pasado, y le brillaban los ojos como si estuviera llorando.

Cuando se llevaron a mi abuela, Magic se acercó al lugar donde ella había muerto y se quedó allí, rascando el suelo, como queriendo tapar algo. Tal vez quería borrar lo que había pasado, o tal vez era su manera de despedirse, de enterrarla.

Durante los días siguientes visitaba el lugar y la buscaba. Es curioso cómo los animales saben reconocer cuándo un ser querido se está yendo y cómo demuestran su pena por la pérdida.

Magic estuvo diecisiete años en la familia. Yo conviví con él durante diez años, pero lo seguí viendo a menudo. Lo vi envejecer y estuve presente cuando dejó este mundo.

Ocurrió hace unos años. Hacía tiempo que se estaba apagando, y una mañana, estando yo en casa de mis padres, al despertar me dijeron que fuera a verlo. Al parecer había pasado muy mala noche.

Bajé las escaleras por las que él, un año atrás, hubiera subido a darme los buenos días o bajado corriendo para salir a la calle. Sus arañazos y mordiscos, sus juegos y ronroneos no me esperaban. Estaba en su cesta de mimbre, acomodado en sus cojines, pero exhausto. Me miró de reojo. Parecía como si me estuviera esperando. No me saludó con su habitual «miauuuu», pero lo hizo con un leve movimiento de cola, y vi cómo daba su último suspiro. Era su manera de despedirse de mí.

Fue un momento muy especial, extraño y doloroso, pero que ahora recuerdo con mucho cariño. El mismo que él me mostró al querer dedicarme su último adiós.

Kurt Cobain y *Espina Bífida*

El famoso cantante del grupo *Nirvana*, Kurt Cobain, fue otro amante de los gatos. Al vocalista le encantaban los animales, y en especial los felinos.

Cobain sufría de curvatura de la columna y de trastorno por déficit de atención con hiperactividad, lo que hizo que fuera un niño difícil, con graves problemas afectivos y emocionales, por lo que le recetaron Ritalin, algo que no sólo le afectó en la adolescencia, sino más adelante, cuando la fama ya había llamado a su puerta.

A pesar de la medicación, Cobain no era feliz con su vida y empezó a fascinarse por lo macabro. Dicen que regaló a una novia un LP con una Barbie atada y desnuda. Pero la verdad es que sobre el líder de Nirvana se ha elucubrado mucho, casi siempre haciendo hincapié en su lado más oscuro.

Lo que pocos saben es que al músico se le iluminó la cara el día que le regalaron una cría de gato. Fue verlo, y su expresión cambió por completo. Cuando estaba con él, la sonrisa no se le borraba. Lo llamó *Espina Bífida*, una broma grotesca hacia su propia dolencia; pero el hecho es que Kurt Cobain lo adoraba y el gato a él, y que siempre andaba pegado al músico, haciéndose fotografías y jugando con él.

Lo que aprendió Kurt de *Espina Bífida*

1. Que el sol se haya ido no significa que no puedas ver la luz.
2. Pretender ser quien no eres es despreciar quien sí eres.
3. El peor crimen que puede cometerse es fingir.

Katy Perry, Russell Brand
y *Krusty y Co*

Una historia que podría servir perfectamente como argumento para una comedia romántica es la que protagonizaron la cantante y letrista Katy Perry y el actor, cómico y presentador Russell Brand.

Katy vivía sola con su gato y, aunque su compañía era maravillosa, quería encontrar a su príncipe azul, un hombre que tuviera las mismas inquietudes que ella y que, sobre todo, amara a los animales y a los gatos tanto como ella.

Fue entonces cuando apareció Brand. El actor también convivía con un gato que era como su compañero de piso, así que, cuando él y Katy se conocieron, ella supo que al fin había dado con su media naranja.

Decidieron que el siguiente paso era trasladarse a un piso más grande, donde pudieran vivir los cuatro juntos: ellos y sus compañeros felinos.

Pero fue entonces cuando empezaron los problemas. Uno de los gatos sufría muchos celos y lo arañaba todo, creando estrés al otro. Quizás en otra pareja habría desencadenado una ruptura, pero en lugar de eso, y a pesar de las bromas pesadas de Brand —llegó a hacerle creer a Katy que iba a vender el gato por Internet, dándole un susto de muerte—, lograron solucionar los problemas de sus gatos llevándolos a un terapeuta.

Poco antes de su boda, la pareja decidió hacer algo que les

unió mucho más. Adoptaron a su tercer gato, *Krusty*, y desde entonces viven los cinco en un cuento de hadas con final feliz.

¿Psicólogos de gatos?

Aunque se han adaptado a la perfección a los hábitos humanos, los felinos difícilmente modifican una conducta, motivo por el que a día de hoy son pocos los profesionales que se atreven a ejercer de psicólogos de gatos. Sólo en Estados Unidos hay una presencia significativa de especialistas que trabajan para obtener pequeños cambios en los mininos, aunque casi siempre resulta más fácil que los amos modifiquen algunas de sus costumbres.

Giorgio Armani y *Charlie*

El diseñador Giorgio Armani es un gran admirador del mundo felino. Prueba de ello es que, tanto en su apartamento como en la ropa que lleva, siempre hay algún tono o algún elemento que combina a la perfección con su gato gris *Charlie*.

Dicen que muchos de sus diseños, incluyendo algunas de las gafas, están inspirados en los felinos.

Armani demostró su amor hacia los gatos cuando decidió participar en una campaña que se llevó a cabo en 2004, consistente en colgar fotografías de personajes famosos —deportistas, modelos o actores— junto a sus mascotas, en su *boutique* de Milán. Todas esas fotos figuraban bajo el lema: «Abandonar a los animales no está de moda».

Una campaña que denunciaba la injusticia de que muchas personas compren a estos cariñosos animales como si de objetos se trataran y después los abandonen a su suerte. Armani afirmó que a él le horrorizaba ese comportamiento.

Lo que *Charlie* ha enseñado a Armani

1. Es mejor escuchar que manifestar tu opinión abiertamente.
2. La belleza reside en tener estilo, no en ir a la moda.
3. Para capturar algo excepcional, debes prestar atención a los pequeños detalles.

Patricia Highsmith y *Charlotte*

La famosa escritora Patricia Highsmith, cuyas novelas podemos encontrar en cualquier biblioteca o librería —también en forma de película, pues muchos títulos de la autora han pasado a la gran pantalla—, fue siempre una persona reservada y dada a la reflexión en soledad.

Amó a los animales hasta sus últimos días, y siempre prefirió la compañía de sus gatos a la de las personas.

Curiosamente, su pasión no se redujo únicamente a los gatos, sino que otros pequeños animales también despertaron su interés: los caracoles. Precisamente ellos dieron nombre a una de sus primeras obras, un conjunto de relatos que se tituló *El observador de caracoles*. Muchos años después, la escritora confesó que aún tenía la costumbre de recoger un poco de tierra húmeda y poner en ella a una familia de caracoles, una docena de ellos aproximadamente.

En cuanto a los gatos, Highsmith tenía predilección por los siameses.

Decía que eran los gatos con rasgos más humanos que conocía y que, aun teniendo algún parecido en su comportamiento con el perro, conservaban el carácter libre del felino. Llegó a decir que eran los más inteligentes entre su especie. Aseguraba que, cuando había en su hogar un siamés, no podía tener otros animales, porque según ella a esta raza le cuesta mucho convivir con otras mascotas, aunque sean gatos.

Highsmith vivió durante un tiempo con un siamés llamado

Somyan, pero la gata que la acompañó hasta sus últimos días fue una minina regordeta y naranja llamada *Charlotte*.

La simpatía y el cariño que sentía por las otras especies le sirvieron de inspiración para escribir una colección de relatos titulada *Crímenes bestiales*. Los protagonistas eran distintos animales y, por supuesto, entre ellos había gatos.

Esta escritora vivió toda su vida rodeada de gatos. En 1988 se trasladó a una casa que ella misma había diseñado, con una planta en forma de «U», a la que, por supuesto, la acompañaron sus amigos felinos. Algunos compararon ese lugar con un refugio animal, pero Patricia Highsmith ignoró por completo esos comentarios. Lo que a ella le preocupaba era que sus compañeros gatunos se sintieran a gusto en su nuevo hogar y que los caracoles pudieran disfrutar de las plantas del jardín.

Todos los dormitorios de aquella casa daban directamente a un patio central con una flora salvaje. En el sofá del salón, que también daba al exterior, se instalaba la rellenita *Charlotte* durmiendo plácidamente.

En sus últimos días, las preocupaciones de Highsmith se centraron en dar de desayunar a su querida gata pulmones de vaca crudos, escuchar las noticias de la BBC y terminar de escribir su última novela, *Un idilio de verano,* con la vieja máquina de escribir que siempre la había acompañado.

El silencio creativo de *Charlotte*

El carácter discreto y silencioso de los gatos suele atribuirse al estado de constante meditación de estos animales. Tomando inspiración de su propia gata, en una entrevista Patricia Highsmith declaró: «Mi imaginación funciona mucho mejor cuando no tengo que hablar a la gente».

«*Es una gata de bruja*»

María José (administrativa)
Gata: *Halloween*

La verdad es que a mí nunca me habían gustado los gatos. No es que los odiara ni nada por el estilo, pero nunca me habían llamado la atención. Estaba acostumbrada a los perros y siempre había oído decir que los gatos eran ariscos, poco cariñosos. Pero ya lo dice el refrán: rectificar es de sabios. Y a mí me ha tocado rectificar. Porque ahora tenemos una gatita en casa.

¿Por qué? Pues porque las madres no sabemos decir que no.

Mi hija María tenía un conejito que se escapó. Se quedó muy triste al perder a su mascota. Por eso, cuando aparecieron unos gatos callejeros por el edificio y me pidió si podía darles comida, pensé que podría ser bueno para ella.

Estos gatos rondaban a menudo nuestro edificio. A veces se quedaban en el rellano, otras veces sólo deambulaban por los alrededores, pero como sabían que iban a encontrar comida en la puerta, se acercaban con frecuencia y hasta se quedaban durmiendo en la escalera.

Hasta que un día, uno de ellos apareció en nuestro balcón en una visita turística y personalizada. Era una gata tricolor, con el pelaje muy gastado, magullada, sucia y flaquita. Se la veía mayor y parecía que la hubieran maltratado. Mi hija, al verla, se la quedó mirando con una carita..., la misma que me puso a mí cuando me dijo: «Pobrecita, mira qué delgada que está». Y entre súpli-

ca y súplica, en la terraza, se quedó un cuenco con comida y agua especialmente para ella.

El primer día, la gata se acercó a la comida, la probó, bebió un poco y se marchó. El segundo día hizo lo mismo. Pero el tercero se quedó. Debido a su aspecto tan desastroso, decidimos llamarla Halloween, porque parecía una gata de bruja. También porque la familia nos dice que parece que la gata lleve un disfraz típico de esas fiestas, ya que nunca se habrían imaginado que pudiera existir una gata tan poco agraciada. Pero a nosotras nos gusta. Tiene personalidad.

Le hemos dado a Halloween toda la libertad del mundo. Teniendo en cuenta que ha vivido mucho tiempo en la calle, no queríamos privarla de la posibilidad de moverse a sus anchas. Y es lo que hace. Entra y sale de casa cuando quiere, sin pedir permiso. Pero siempre vuelve. Además, poco a poco se ha ido volviendo más hogareña.

Cuando la llevamos al veterinario, nos dijo que era una gata que no nació en la calle. La habían abandonado, porque estaba operada y la habían esterilizado. Debió de sufrir mucho, porque por muy independientes que sean, los gatos también sienten el abandono. Por eso intentamos que se sienta cómoda con nosotras.

Es una gata muy tranquila y cariñosa. Le gusta que la cepillen, y cuando llego del trabajo, o después de cenar, si me siento un rato en el sofá inmediatamente viene a subirse a mi regazo. Pone la cabeza sobre mi brazo y empieza a ronronear hasta que le hago mimos.

Lo más divertido de Halloween es que cuando quiere leche, agua o comida, se pone junto a la nevera y empieza a maullar hasta que le haces caso. Antes no me gustaban los gatos, pero ahora que convivo con uno, la verdad es que me gusta que esté con nosotras.

Halle Berry y *Play-Doh*

La actriz estadounidense Halle Berry fue la elegida para encarnar el papel de Catwoman en el cine, pero lo cierto es que ella apenas había tenido trato con los gatos y confesó que no les tenía especial simpatía.

Para el rodaje decidieron adoptar sesenta gatos de un albergue y utilizarlos en la grabación. Sin embargo, como Halle no tenía experiencia con gatos y, además de actuar junto a ellos, debía moverse como ellos, decidió llevarse a uno a su propia casa. Se dedicó a observarlo y a aprender de él, de sus costumbres, de su forma de caminar...

En pocos días, la actriz sintió una extraña atracción por el felino, llamado *Play-Doh*, y empezó a enamorarse de él. Durante todo el tiempo que duró el rodaje, *Play-Doh* y Halle estuvieron juntos. Cuando la película terminó, la actriz adoptó definitivamente al felino y se lo llevó a casa.

Ahora *Play-Doh* y Halle Berry son inseparables, y la actriz ya no puede decir que no sienta simpatía por los gatos, porque está enamorada de uno.

Lo que Halle Berry ha aprendido de *Play-Doh*

1. «Todo el mundo tiene secretos, en eso consiste buena parte del encanto.»
2. «La belleza no es algo estrictamente físico.»
3. «El secreto del éxito es pasar el tiempo suficiente con una corona en tu cabeza.»
4. «Nunca dejaremos de buscar el amor. Ésa es y será nuestra gran lucha.»

John Calvin Coolidge y *Tiger*

El trigésimo presidente de Estados Unidos, John Calvin Coolidge, fue un niño tímido al que le costaba relacionarse con otros niños. Sin embargo, estableció un vínculo especial con los gatos de la granja en la que vivía. De algún modo, ellos fueron sus primeros amigos.

Desde entonces, sus compañeros del alma estuvieron siempre presentes en su vida, y lo acompañaron allá donde iba, incluso a la Casa Blanca.

Un ejemplo de la estrecha relación que Coolidge mantenía con sus gatos nos llega de una anécdota de su época estudiantil. Cuando empezó a ir a la universidad, en las cartas que escribía a sus padres hacía más preguntas sobre cómo estaban los gatos que sobre el estado de sus familiares. Se cuenta que, de regreso a su hogar, en una ocasión se peleó por salvar a unos gatos de morir ahogados.

Cuando ya vivía en la Casa Blanca, Coolidge encontró a un felino vagabundo al que no tardó en adoptar. Lo bautizó como *Tiger* y pronto se le unió un hermanito llamado *Blacky*, y entre los dos llenaron de cariño el nuevo hogar de los Coolidge.

A *Tiger* le pusieron un collar verde con la dirección y a *Blacky* uno rojo, pero el primero no soportaba el collar, se sentía asfixiado y desaparecía sin él, porque adoraba corretear y cazar.

El presidente bromeaba diciendo que quizá sería mejor no intentar domarlo y conseguirle un par de regalitos para que no se escapara tan a menudo. *Blacky*, por el contrario, prefería quedarse en casa, visitando la cocina de vez en cuando.

Coolidge disfrutaba poniéndose a *Tiger* alrededor del cuello como si fuera una bufanda.

Un día que desapareció y no regresó a casa, el presidente empezó a sufrir por su querido compañero de fatigas. Comunicó lo que pasaba a la prensa y ofreció una recompensa para quien pudiera dar información sobre su gato. Incluso emitió una llamada de socorro desde el nuevo medio de comunicación que se había implantado: la radio.

Era conocida la predilección que sentía este gato por una de las mesas de la sala de reuniones. Cada vez que se iniciaba una sesión, él se plantaba en medio de la mesa a dormir, ante la estupefacción de los ponentes.

El presidente se lo tomaba a broma, aunque los demás no tanto.

A pesar de todo, la familia Coolidge adoraba a *Tiger* y a *Blacky*, y cuando dejaron la Casa Blanca, continuaron viviendo rodeados de gatos como habían hecho hasta entonces.

La lección de *Tiger* y *Blacky*

El presidente Coolidge llegó a afirmar en un discurso que «un hombre al que no le guste tener animales a su alrededor no merece estar en la Casa Blanca». Lo que este político aprendió de sus mininos podemos resumirlo en esta reflexión: «Cuatro quintas partes de nuestros problemas desaparecerían si fuéramos capaces de sentarnos y permanecer en silencio». Cooligde opinaba que gran parte de las preocupaciones nunca llegan a hacerse realidad, a no ser que nos esforcemos activamente en que así sea.

Hemingway, *Snowball* e hijos

En la década de 1930, el célebre escritor Ernest Hemingway recibió la visita de un amigo capitán de barco que le traía un regalo. Se trataba de un gato con una extraña alteración. Padecía polidactilia, una malformación que hacía que tuviera más dedos de lo normal. Tenía seis dedos en las patas traseras, pero, además, las patas delanteras presentaban unos pulgares muy desarrollados.

Hemingway siempre había disfrutado de la compañía de los gatos, así que ese regalo le caló muy hondo. Aceptó al pequeño felino y se lo llevó consigo a casa. Lo llamó *Snowball*.

El gato vivió con Hemingway y su mujer Pauline en Key West, en una casa de piedra en Withehead Street. Allí fue padre de varios gatitos, todos ellos con seis dedos en las patitas, a pesar de que la madre era normal.

Cuando el escritor se divorció de Pauline, *Snowball* pasó a ser su única compañía. El escritor sintió esa pérdida, pero tener a su amigo de cuatro patas cerca hacía que su soledad fuera más llevadera.

La influencia de *Snowball* en la literatura de Hemingway está llena de leyendas. Dicen que el escritor trabajaba horas y horas en su estudio, siempre de noche, y que el gato se paseaba junto a él, inspirándole e incluso susurrándole las historias al oído.

En una divertida entrevista que Travis Fox hizo a uno de los descendientes de *Snowball*, *Hairy*, este encantador felino sugería que, en realidad, las mejores novelas de la historia han sido escritas por gatos y no por sus dueños, y que éstos se apropian de un mérito que no les pertenece.

Al parecer, Hemingway no fue una excepción. Nuestro delator felino también afirma que *El gato bajo la lluvia*, la única obra del autor en la que una mujer es protagonista, pudo ser escrita por *Snowball*…, así como los trabajos de Dickens podrían haber sido obra de su gato/gata *William/Wilhelmina*.

En fin, una forma entrañable de demostrar lo importante que pudo llegar a ser *Snowball* en la vida personal y literaria de Hemingway.

Lo que sí es cierto es que hoy día, en la misma casa donde el escritor vivió hasta su muerte, encontramos a unos cincuenta descendientes de *Snowball*, con los mismos pulgares y un dedo de más en las patas traseras. La casa es actualmente un museo y los gatos son cuidados como parte del legado que dejó el escritor.

Lo que Hemingway aprendió de *Snowball*

1. Nunca confundas el movimiento con la acción.
2. Jamás salgas de viaje con alguien que no amas.
3. La mejor manera de saber si puedes confiar en alguien es confiar en él y ver qué sucede.
4. La respuesta más corta es hacerlo.

El emperador japonés Ichijo
y *Myobu No Omoto*

La siguiente historia nos habla de una gata que vivió como una princesa.

Los gatos llegaron a Japón al mismo tiempo que el budismo, hacia el año 538 d.C. Hay quien dice que fueron los mismos monjes quienes los trajeron desde la India, cruzando China, para que protegieran los textos sagrados de los ratones y otras alimañas. Los primeros textos que se conocen en Japón sobre gatos pertenecen al emperador Uda (867-931), pero la historia que aquí nos interesa ocurrió años después.

El emperador Ichijo (980-1011) tenía bajo su protección a un gran número de gatos, pues creía que eran los encargados de conducir el carro de la diosa Sol. Sin embargo, pese a cuidar de tantos felinos, el emperador sentía predilección por una gata que le había robado el corazón y por la que, decía, era capaz de hacer cualquier cosa. Se trataba de *Myobu No Omoto*.

Los gatos que vivían en palacio se podían distinguir fácilmente de los otros gatos de Japón porque llevaban un collar rojo con una placa blanca. Eso permitía que cualquiera que los viera fuera de palacio les profesara más cuidados, mimos y caprichos que a otros felinos. Sin embargo, *Myobu* recibía muchas más atenciones todavía.

Por ejemplo, su mismo nombre, *Myobu No Omoto*, significa en japonés «Camarera Real del Palacio Imperial», título que le fue otorgado personalmente por el emperador Ichijo. Así que esta gata tenía un rango propio en la corte de palacio y las camareras de palacio debían cuidar de ella.

El emperador Ichijo llegó a hacer todo tipo de cosas para asegurar el bienestar de su gata: mandó perseguir a vecinos que la habían molestado, despidió a criados que no la habían atendido adecuadamente, e incluso encerró en prisión al dueño de un perro que la había perseguido, pues el emperador consideró que eso había manchado el honor de *Myobu* para siempre.

Una verdadera historia de amor entre un emperador que adoraba a los gatos y una auténtica princesa felina.

Los guardianes de Buda

Se cree que el gato doméstico llegó a Japón en el siglo VI, justo en la misma época en la que se introdujo el budismo. Como la mayoría de culturas antiguas, los nipones valoraron en primer lugar la capacidad de los felinos para capturar ratones. De hecho, se convirtió en obligatorio que cada templo budista tuviera como mínimo dos gatos para que los documentos sagrados no fueran devorados por los ratones.

«Es como tener a un tigre en miniatura a tu lado»

Ramón (perfumista)
Gato: *Tripi*

Siempre me han fascinado los gatos. Es como tener a un tigre en miniatura a tu lado. Me encanta su porte elegante y aristocrático cuando te miran por encima del hombro. Es como si supieran que los hombres tenemos muchas imperfecciones y ellos no. Por eso me gusta tener a un gato cerca. Sé que me observa desde la distancia, que respeta mi espacio y que quiere que yo respete el suyo.

Nunca he sido una persona muy extrovertida y por eso siempre me he llevado mejor con los gatos. Saben estar en silencio y en soledad mucho mejor que otros animales. Y te pueden hacer compañía sin tener que estar siempre siguiéndote.

Desde pequeño estuve fascinado por ellos. Pasábamos el verano en un pueblo de costa donde abundaban los gatos callejeros y siempre les dábamos de comer y jugábamos con ellos. Un día, uno de los gatos se cayó en el lavadero y se dio un golpe en la cabeza con la tabla de lavar la ropa. Se quedó un poco tocado, así que pedí permiso para cuidar de él.

Durante todo el verano ése fue mi gato. Pero me tuve que ir antes que el resto de mis hermanos a Barcelona y me despedí de mi mascota, pensando que cuidarían de él. Quizás el minino era más respetuoso con los demás cuando yo estaba presente, pero al ver que ya no estaba decidió sacar su verdadera personalidad, que resultó ser algo salvaje. El animal atacó a algunos miembros de la familia, que decidieron que no podía seguir en casa. No volví a ver a ese gato.

Años después, ya casado y con hijos, otro gato entró en mi vida. El portero de nuestra escalera tenía una gata que había tenido crías, y cuando mi hijo Óscar se enteró, le preguntó si podía quedarse con un gatito. Luego nos lo pidió a nosotros.

Mi mujer siempre ha sido más amante de los perros. Es muy extrovertida y el carácter de esos animales va mucho más con ella. Pero a mí la idea de tener un gato en casa me encantó, así que decidimos quedarnos con el pequeño. Mi hijo lo llamó Tripi *—en esa época sólo tenía once años, así que no sabía el significado del nombre— y cuando lo vimos, nos quedamos prendados de él. Cabía en el estuche del colegio de Óscar y tenía el pelaje de color crema con manchas más oscuras. Nos dijeron que era una mezcla de persa y español.*

Tripi *es un gato muy curioso. Normalmente se dice que a los gatos les cuesta mucho adaptarse a los cambios, pero para él no ha sido un problema. Tenemos más de una casa, y siempre que vamos de vacaciones a alguna de ellas, el gato viene con nosotros. Ha conseguido hacerse suya cada una de las casas. Se ha creado diferentes territorios.*

Eso sí, cada vez que llegamos a una de las casas, se pasea por cada recoveco para que su olor lo impregne todo, por si acaso.

Desde hace un año tenemos un perro en casa y entre ambos hay una interacción que podríamos denominar escasa. No es la primera vez que Tripi *se relaciona con perros.*

En verano, durante muchos años, vivíamos puerta con puerta con mi hermana, que tenía un perro al que Tripi *conoció. La primera vez que se vieron, nuestro gato se subió a la mesa y se* quedó observando al can, que lo miraba con curiosidad. Se quedaron un buen rato mirándose, reconociéndose. Tras ese primer contacto, pudieron estar ambos en la misma habitación sin ningún problema porque se ignoraban mutuamente.

Sin embargo, con Bob ha sido diferente. Es un cachorro y quiere jugar, pero Tripi ya tiene una edad y no está para juegos. Por eso, cada vez que el perrito lo busca, recibe un bufido y luego el gato se aleja de él.

Algo curioso de la influencia de Tripi sobre Bob es que ha conseguido que no me venga a recibir a la puerta. Bob acude a dar la bienvenida a toda la familia e incluso a los extraños, pero ha notado que yo tengo predilección por el gato, y como ha visto que Tripi no viene a verme cuando llego a casa, ha pensado que quizás imitando su comportamiento yo me vuelva más atento con él.

No es que no le haga caso a Bob, pero reconozco que prefiero la compañía silenciosa de un gato.

Lo cierto es que Tripi siempre viene conmigo a trabajar. Tengo el despacho en casa y, cuando entro, él me sigue y se sienta a mi lado. No dice nada, simplemente está ahí, como si esperara inspirarme.

Yo no sé si me inspira, pero lo que sí hago es compartir mi trabajo con él. Le doy a oler los perfumes y he descubierto algo curioso: responde con total indiferencia a todos, excepto si llevan algún toque especiado. Cuando reconoce alguna especia, aprieta el hocico contra la muestra. Hemos llegado a la conclusión de que le vuelven loco las especias, porque cuando abrimos el armario de la cocina donde las guardamos, se mete dentro.

Algo parecido le pasa con el cacao. Si le das un poco de chocolate, en vez de devorarlo, va lamiéndolo poco a poco, deshaciéndolo en su lengua. Es algo extraordinario comprobar el placer que siente al degustar el cacao. Es otra de las cosas que me gusta

de los gatos: su capacidad de ser pacientes, de degustar y no devo-
rar. Es lo que hacen cuando cazan: se agazapan y esperan, pacientemente, sin ansias. Se limitan a observar y a esperar, y cuando llega el momento, saltan.

Tripi se ha convertido en un gato de costumbres. Le gusta dormir en la habitación de mis hijos, estemos en la casa en la que
estemos. Aunque haya otras habitaciones libres y sólo esa ocupada: él tiene que dormir allí. No sé si cree que tiene que protegerlos
o vigilarlos, pero siempre duerme con ellos.

Y aunque es cierto que nunca viene a saludarme cuando llego
a casa, hace una excepción cuando está solo. Entonces sí que acude a recibirme y nos hacemos mutua compañía. Por eso, a pesar
de que entró en casa siendo la mascota de mi hijo, ha acabado
siendo mi gato. Supongo que tenemos ciertas afinidades y por eso
nos comprendemos.

Creo que es precisamente eso lo que me gusta de los gatos. Me
siento cómodo con ellos.

Harry Truman y *Bob*

El trigésimo tercer presidente de Estados Unidos, Harry Truman, creció en una granja de Missouri rodeado de animales. Allí tenía un perro castaño llamado *Tandy* y un gato al que su hermano y él bautizaron como *Bob*.

Cuentan que el gatito estaba durmiendo un día junto a la chimenea cuando, de repente, una chispa saltó de la lumbre y prendió fuego a su cola. El animal corrió por la cocina maullando como un loco e intentando trepar por las paredes hasta que los hermanos extinguieron el fuego.

Truman recordaba su infancia como un momento feliz en el que montaba a caballo y *Tandy* y *Bob* le seguían a todas partes.

Una vez en la Casa Blanca, el presidente Truman ya no tuvo más animales. Le ofrecieron a su hija un setter irlandés llamado *Mike*, pero lo regalaron; lo mismo ocurrió cuando le dieron un cachorro llamado *Feller*. Prefería que en su vida no hubiera animales, como si esa época feliz hubiera pasado y ya no pudiera volver.

Hasta que un día descubrió a un visitante inesperado que lo cambió todo. Se trataba de un gato que se plantó en el jardín de la Casa Blanca y decidió no irse hasta lograr que Truman se acercara.

Pero consiguió mucho más. Además de un saludo y algunas caricias, el gato recibió la merienda del presidente y luego éste lo envió en limusina a la dirección que aparecía en la plaquita de su collar. Sin embargo, al día siguiente allí volvía a estar el gato, en su jardín.

A partir de entonces, Truman se reservaba un rato al día para pasarlo con su nuevo amigo felino, que parecía empeñado en que recordara al niño que una vez había sido.

El optimismo de *Bob*

El regreso de *Bob* a la Casa Blanca, tras haber sido devuelto por Truman a su hogar, fue algo que impactó al presidente norteamericano, que siempre admiró a aquellos que no abandonaban pese a los contratiempos. Sobre esta cuestión, una vez Truman afirmó: «Un pesimista es alguien que convierte en dificultades sus oportunidades, mientras que un optimista hace de cada dificultad una oportunidad.»

Alexander Dumas y *Mysouff*

El escritor francés Alexander Dumas, autor de *El conde de Montecristo* y *Los tres mosqueteros*, decía que un gato «es verdaderamente aristocrático y original en su especie».

Dumas tuvo muchos gatos a lo largo de su vida, pero sólo utilizó dos nombres para llamarlos: *Mysouff* y *Le Docteur*, aunque ha sido el nombre de *Mysouff* el que ha perdurado en el tiempo.

Uno de los *Mysouff* que tuvo el escritor, *Mysouff II*, era un gato de color blanco y negro que ha pasado a la historia por ser un auténtico granuja. Dumas había reunido una gran colección de pájaros exóticos, provenientes de diferentes rincones del mundo, entre los que había cacatúas, loros y tucanes. *Mysouff II* decidió darse un festín y se los comió a todos.

Sin embargo, es la increíble historia de otro *Mysouff* la que ha sobrevivido al paso del tiempo.

Cada mañana, cuando Dumas se iba a la oficina, *Mysouff* lo acompañaba durante una parte del trayecto. Se detenía en la calle de Vaugirard y veía cómo el escritor se alejaba y luego regresaba a casa. El gato lo esperaba a la vuelta del trabajo en el mismo sitio, y nunca erraba la hora a la que aparecía su amo.

La rutina era sencilla: cuando llegaba la tarde y su dueño debía regresar, *Mysouff* pedía que le dejaran salir e iba a su encuentro. Pero lo más extraño era que cuando Dumas se retrasaba, fuera por el motivo que fuera y sin importar el tiempo, el gato parecía presentirlo, porque se quedaba durmiendo un rato más y pedía salir más tarde, para estar esperando al escritor en el momento preciso y en el lugar acordado.

Además, cuando estaban llegando al hogar, *Mysouff* se adelantaba a su dueño para advertir a la madre del escritor, con la que vivía, que estaban llegando.

El reloj secreto de los gatos

En el estudio de Rupert Sheldrake, cientos de gatos han demostrado adivinar con precisión el momento en el que su amo se encamina hacia casa. Aunque éste tenga horarios irregulares y llegue discretamente en metro, diez minutos antes el gato ya está en la alfombra aguardando a su dueño para recibirle. Hasta el momento, la ciencia no ha podido explicar esta fabulosa y casi sobrenatural habilidad, que se ha llegado a relacionar con la telepatía.

«Para mí los gatos han sido amigos y protectores»

Isabel (escritora)
Gatos: *Kahn* y *Miso*

Desde pequeña me consideré una niña de perros. Sin embargo, los gatos se colaron en mi vida como si hubieran decidido adoptar a esa cría solitaria que no hacía más que meterse en problemas.

El primer gato que dejó huella en mi memoria fue el Tigre de la Carbonera, una bestia gris que de un solo bocado podría haberme devorado entera. Era el gato de unos familiares de mi padre. Yo era tan pequeña entonces que soy incapaz de recordar quiénes eran, pero de aquel inmenso gatazo siempre me acordaré. Mientras mi padre entraba en la casa, yo me quedaba afuera con el gato y charlaba con él o le seguía e imitaba lo que hacía. He de agradecer lo paciente que siempre fue conmigo y el hecho de que nunca me dejara sola, ni una sola vez. Lo que aún me pregunto es si de verdad era gris o estaba manchado de carbón.

Mi siguiente encuentro gatuno fue como un amor de verano con final trágico. Le conocí en la casa del cura, justo al otro lado del pueblo, y en cuanto nos vimos sentimos un flechazo mutuo. Era un precioso gato blanco de ojos azules.

Desde aquel día, el animal recorría todo el pueblo para jugar conmigo y, al anochecer, regresaba a su casa. Lo cierto es que aquel gato era un auténtico santo, nunca entenderé cómo aguantaba todas las gamberradas que le hacía. Como era muy pequeña, no me dejaban abandonar el patio de mi abuela y gastaba toda mi energía con el pobre minino: le daba vueltas, volteretas, le hacía la carretilla...

Sólo se revolvió contra mí una vez que intenté meterle en la piscinita que tenía para refrescarme; fue entonces cuando aprendí que a los gatos no les gusta el agua. Pero el verano terminó y tuve que regresar a Barcelona.

Semanas después, recibí una llamada que me tuvo llorando durante meses. El gato había continuado sus visitas cada día, a pesar de que yo ya no estaba en casa de mi abuela, hasta que uno de esos días un coche lo atropelló. Para mí aquel gato fue un ángel que nunca me ha abandonado.

Negrín fue mi siguiente amigo felino. Mi mejor amiga, Rocío, es la persona más enganchada a los gatos que se pueda imaginar (al menos para mí). Vivía en el pueblo de mi padre, y su casa tenía un gran patio siempre lleno de gatos de todas las clases.

Cada Semana Santa y verano, cuando iba allí de vacaciones, me encontraba con una camada de gatitos, así que para mí no era novedad ver gatos nuevos en su casa. Sin embargo, cuando vi a Negrín, supe que ese gato tenía algo especial. Desde que lo conocí se convirtió en mi preferido. Daba igual cuánto tardara en regresar, él venía a saludarme, y mientras esperaba a que bajara mi amiga, yo me quedaba allí con él, contándole cosas mientras lo acariciaba.

Uno de los aspectos más peculiares de Negrín es que, en él, el dicho «los gatos tienen siete vidas» es totalmente real. En un pueblo, los gatos no suelen llegar a viejos: los atropellan, los mata de un bocado un perro pastor... Pues bien, a Negrín le pasó eso y más. Era una especie de Frankenstein, de lo apedazado que estaba, pero logró llegar a viejito dejando una gran descendencia.

Actualmente vivo con dos gatos: Kahn, el minino gris atigrado de mi chico, y Miso —por Miso Shiru, la sopa japonesa—, mi gatita negra.

Kahn es un gato cariñoso y protector al que le gusta dar cabezazos y abrazos, aunque si alguien te hace daño no dudes de que te defenderá con uñas y dientes; Miso es una gatita huidiza y charlatana que prefiere que le rasquen la tripita mientras estás sentado escribiendo o viendo una película.

Con ellos he aprendido el lado misterioso de los gatos. Desde siempre he sufrido de insomnio, pesadillas y terrores nocturnos.

Ya en la antigüedad se decía que los gatos tenían la capacidad de espantar a «los malos espíritus» o «energías negativas», incluso algunos decían que podían interceder por ti en otros planos, entrando hasta en tus sueños.

Cuando llegamos, hace ya casi dos años, a mi actual piso, yo continuaba con mis pesadillas. Sin embargo, con el tiempo me di cuenta de que éstas remitían algunas noches. Intrigada, decidí observar qué cambiaba a mí alrededor en esos casos.

Miso y Kahn suelen dormir a nuestros pies, aunque no me doy cuenta de que están allí, porque se acurrucan en los espacios vacíos. Las noches en las que ellos están, duermo perfectamente y al despertar, allí me los encuentro; en cambio, las noches que despierto a gritos, los gatos están durmiendo en el salón. Así que pensé: ¿y si son ellos quienes me quitan las pesadillas?

Otro curioso comportamiento que he observado en ellos es que, cuando estoy muy asustada, Miso se tumba a mis pies como si fuera una esfinge y Kahn se sienta cerca de mi cabecera, ya sea junto a la ventana o en mi mesita, y no se mueven de allí hasta que yo me relajo o me duermo, como si fueran dos vigías.

Para mí, los gatos han sido amigos y protectores. No me han dejado sola y son esos ojos que ven en la oscuridad por mí, siempre atentos a que ninguna mano pueda agarrarme desde detrás de la almohada.

Mark Twain y *Bambino*

Este escritor estadounidense, conocido por su sentido del humor, fue un gran amante de los gatos desde niño. Creció con veinte gatos sureños y en su casa siempre hubo montones de mininos llamados *Apollinaris, Satan, Sin, Mash, Bambino, Buffalo, Beelzebub, Sour, Zoroaster, Bill...*

En cuanto a la relación de su padre con los gatos, que heredó el propio Mark Twain, su hija Susy dijo: «La diferencia entre mi padre y mi madre es que ella adora la moral y él adora a los gatos».

Estos animales aparecen en muchos de sus libros, como por ejemplo en *Un yanqui en la corte del rey Arturo*. En un pasaje de la novela, los personajes discuten acerca de la posibilidad de establecer una *gatocracia*, es decir, un gobierno de gatos, en lugar de las monarquías tradicionales.

Twain idolatraba a los felinos. Solía decir que: «Si el hombre pudiera cruzarse con el gato, mejoraría el hombre, pero se deterioraría al gato».

Se dice que el escritor tenía un extraño poder sobre sus gatos. Algunos testigos explican que cuando Twain ordenaba a todos sus mininos que subieran a una silla, todos le obedecían. Si les decía que durmieran, dormían, y no era hasta que les llamaba que volvían a despertar.

Existe una frase muy famosa del escritor que hace referencia a los gatos y a la enseñanza, tal vez inspirada en la observación del comportamiento de sus propios compañeros felinos: «Hay que tener cuidado de aprender de una experiencia sólo la sabiduría que encierra, y nada más. No sea que nos suceda lo que al gato que se sentó en una estufa caliente. El animal nunca volvió a sentarse en una estufa caliente, lo cual está muy bien, pero tampoco volvió a sentarse en una estufa fría».

Twain no podía pasar ni siquiera las vacaciones sin estar rodeado de gatos. Decía que «una casa sin un gato, un bien alimentado, bien cuidado, bien reverenciado gato, puede ser una casa perfecta, pero ¿cómo puede llegar a demostrarlo?»

En una ocasión, el escritor fue a pasar el verano a New Hampshire, y visitó una granja cercana para «alquilar» unos gatitos que le hicieran compañía. Como se puede ver, era incapaz de estar sin sus adorados felinos.

Durante los últimos años de su vida, tuvo que permanecer en la cama buena parte del día, así que trabajaba tumbado en ella. Esto provocaba escenas tan curiosas y divertidas como las de sus libros. La cama de Twain era una superficie enorme que él llenaba con todo tipo de objetos: papeles, manuscritos, plumas… A uno de los lados, destrozando todo lo que se ponía a su paso, se acomodaba *Bambino*, el gato de Clara, una de las hijas del escritor. Cuando el animal se cansaba o se aburría, le mordía. Con una paciencia de santo, Twain jugaba con él y lo tranquilizaba.

En una ocasión, *Bambino* se escapó porque había oído a muchos gatos haciendo ruido en la calle, y el escritor creó toda una aventura de aquel suceso.

Sobre la discreción felina, Twain afirmaba: «Si los animales pudiesen hablar, el perro sería una auténtica torpeza, pero el gato tendría el raro talento de no decir nunca una palabra de más».

La gatocracia

«Estaba convencido de que una familia real gatuna podía cumplir las funciones pertinentes: serían tan útiles como cualquier otra familia real, no tendrían menos conocimientos, poseerían las mismas virtudes y serían capaces de las mismas traiciones, tendrían la misma propensión a armar embrollos y tremolinas con otros gatos reales, resultarían risiblemente vanidosos y absurdos sin jamás darse cuenta de ello, saldrían baratísimos y, por último, ostentarían un derecho divino tan solvente como cualquier otra casa real, de modo que "Micifuz VII, o Micifuz XI, o Micifuz XIV, soberano por la gracia de Dios", les quedaría igual de bien que a cualquiera de esos mininos de dos piernas que moraban en palacio.»

MARK TWAIN, *Un yanqui en la corte del rey Arturo*

Harold Wilson y *Nemo*

Ciertamente, los gatos llegaron a la Casa Blanca de la mano de los Clinton y ese juguetón gato llamado *Socks*. Sin embargo, al otro lado del océano Atlántico, en las Islas Británicas, los gatos también han acompañado en más de una ocasión a los poderosos.

Winston Churchill dijo, tras la experiencia que vivió con su querido *Jock*, que «los gatos nos miran como sus súbditos».

El número 10 de Downing Street, la famosa residencia de los primeros ministros del Reino Unido, fue el escenario de la relación que tuvo el primer ministro Harold Wilson con su gato *Nemo*.

El cariño que sentía Wilson por su minino era, depende de cómo se mire, algo extraño. Para Wilson, *Nemo* no era simplemente una mascota, sino que lo convirtió en miembro de su Gabinete y lo mantuvo en ese puesto hasta que se retiró de la política.

Imagínense las atenciones que pudo llegar a tener *Nemo* como miembro de Gabinete del primer ministro.

Cuando preguntaron al embajador italiano en el Reino Unido qué le gustaría ser si volviera a nacer, éste no dudó ni un instante en contestar. Sonrió y, con una mirada cómplice hacia *Nemo*, dijo: «Me gustaría ser gato en Londres».

El secreto de *Nemo*

Algo que el *premier* británico reconocía haber aprendido de su gato era su capacidad para el descanso, cosas que Wilson no identificaba con la pereza, sino con la virtud de saber hacer acopio de energía. En ese sentido, cuando le preguntaron dónde residía el éxito de un primer ministro, respondió: «Sólo se necesitan dos cosas: dormir suficiente y tener sentido de la historia».

Marlon Brando
y otras estrellas gatunas

Al famoso actor norteamericano le encantaban los gatos y, si veía alguno por la calle, se paraba a saludarlo y acariciarlo. Esto es lo que le ocurrió en Staten Island cuando estaban rodando la primera parte de *El padrino*.

Brando paseaba por los estudios y se encontró con un gato callejero de color gris. El actor se detuvo a juguetear un rato con él, y cuando Francis Ford Coppola fue a buscarlo y lo encontró con el minino, se dio cuenta de que ambos congeniaban. La escena era entrañable así que pensó que, a pesar de que en el guión no aparecía ningún gato, sería una buena idea incluirlo en la película junto a Brando.

La siguiente escena que debían grabar ha acabado siendo la imagen más famosa de Don Vito Corleone. En ella, aparece el gran capo sentado en la butaca de su despacho acariciando a su gato. Se volvió tan famosa que se convirtió en el icono de la película *El padrino*.

Otros gatos famosos en la historia del cine han sido *Jones*, el gato de la teniente Ripley en *Alien*, que sobrevive con ella a la matanza.

También encontramos a *Gato* en *Desayuno con diamantes*; en la escena final, podemos ver a Audrey Hepburn echando al felino del coche en medio de un arrebato, pero acto seguido se arrepiente y lo empieza a buscar bajo la lluvia. Precisamente es bajo la lluvia donde podemos ver el abrazo final entre George Peppard y Audrey, aunque no están solos: *Gato* está en medio de ese abrazo.

Asimismo, los dibujos animados han otorgado un papel importante a los gatos. Disney creó *Los aristogatos*, una historia en la que una millonaria deja toda su herencia a su gata. Cuando el mayordomo la abandona a ella y a sus gatitos, éstos correrán grandes aventuras junto al gato arrabalero Thomas O'Malley, hasta regresar a casa y recuperar lo que es suyo.

Los gatos que fueron el canto del cisne

Los aristogatos fue la última película de Walt Disney aprobada directamente por el creador de la compañía, aunque no llegó a verla realizada. Tras su muerte, en 1966, fueron necesarios cuatro años de trabajo y cuatro millones de dólares —toda una fortuna en aquella época— para terminarla.

En diciembre de 2005, Disney inició una secuela que debía llamarse *Los aristogatos II,* pero el proyecto finalmente fue suspendido.

«Descubrimos que el gato era mudo, por eso lo rechazó la madre»

Aria (administrativa)
Gato: *Némesis* (y nuestro perro *Lord Byron*)

Némesis *llegó a casa hace apenas un mes y medio, así que no se podría decir que mi hija y yo seamos expertas en gatos. Pero lo que sí podemos decir es que a estas criaturitas se les coge cariño enseguida.*

No estábamos buscando a un gato, porque ya tenemos a Lord Byron, *un cocker jovencito y juguetón que nos lleva a todos de bólido. Sin embargo, ahora también tenemos a* Némesis *y nos encanta que esté en casa.*

¿Cómo llegó el gato a nuestra familia? Pues gracias a Lord Byron. *Mi hija y yo habíamos salido a pasear con él y de repente echó a correr hacia un contenedor de basura. Pensamos que había olido algo para comer y fuimos a reprenderle. Pero, oh, sorpresa, lo que había encontrado era una cría recién nacida de gato. Se la veía tan pequeña, desvalida y sola que decidimos llevárnosla a casa y cuidarla.*

Desde un principio nos sorprendió la relación entre Némesis *y* Byron. *El gatito se convirtió en su sombra, lo seguía a todas partes. Tal vez se deba a que necesita un referente adulto y, al no tener ni padre ni madre felino, ha decidido seguir al perro.*

Byron *lo adora y a menudo juegan y echan la siesta juntos.*

Hace un par de semanas fuimos con los dos al veterinario. Tenían que ponerle una inyección a Byron y, como es habitual, el veterinario le hizo subir a la mesa.

Al ver que aquel desconocido estaba tocando a su amigo, Némesis saltó sobre la mesa y se quedó ante Byron, sin hacer nada, pero vigilando. Parecía como si le estuviera diciendo: «Tranquilo, que yo estoy aquí. No dejaré que te hagan nada malo». Verlos así, uno junto al otro sobre la mesa del veterinario, me encantó. Parecían dos hermanitos.

Pero lo más curioso de Némesis es que se trata de un gato mudo. Al no haber tenido antes gato, no sabía cómo actúan ni cómo llaman la atención. Estoy acostumbrada a los ladridos de Byron, pero no sabía si un gato hacía lo mismo. Por eso no había notado que fuera mudo.

¿Cómo lo supimos? Por pura casualidad.

Hace unas semanas, no lo encontraba por ningún lado. Lo busqué por todas partes, pero no aparecía. Primero pensé que se había escapado, pero después, cuando fui a poner la lavadora, noté que algo se movía entre la ropa sucia. Ahí estaba Némesis. Me di cuenta de que intentaba quejarse, llamar mi atención, pero que no producía sonidos.

Lo llevamos al veterinario y nos dijo que era mudo y que, seguramente, ésa era la razón por la que su madre lo había abandonado.

Ahora, para que no nos vuelva a dar ningún susto, lleva un cascabel. Lo oyes llegar con su alegre tintineo y aparece en la habitación para que le hagas mimos.

Ha sido una gran suerte encontrar a Némesis. Nos ha llenado de alegría y Byron parece haber encontrado a un gran compañero de juegos.

Jean Cocteau y *Karoun*

Para el dramaturgo y artista francés Jean Cocteau, los gatos representaban el alma visible de la casa.

Cocteau tuvo un gato siamés llamado *Karoun* al que adoraba y al que describía como «el rey de los gatos». Tanto lo quería que le dedicó su obra *Drôle de ménage*.

El dramaturgo francés comentaba que se podía descubrir mucho acerca del hombre si se observaba y analizaba su comportamiento con los felinos. Aseguraba que «el hombre es civilizado en la medida en que entiende a los gatos».

Pero Cocteau también sabía ver el lado cómico de las cosas. Por eso, al hablar de sus queridas mascotas, no sólo reflexionaba sobre su profundidad y su inteligencia. Llegó a decir: «Prefiero a los gatos que a los perros, porque no hay gatos policía».

El alma del hogar

En una ocasión le preguntaron a Cocteau por qué le gustaba tanto rodearse de felinos, a lo que el artista contestó: «Amo a los gatos porque adoro mi hogar, y ellos, poco a poco, se convierten en su alma visible».

Albert Schweitzer y *Sizi*

Este hombre polifacético y de gran corazón se dedicó a la medicina, a la música y a la lucha por los derechos de los animales. En 1952 le otorgaron el Nobel de la Paz.

Schweitzer vivió toda su vida rodeado de animales de toda clase, aunque fueron los gatos los que más huella dejaron en él.

Luchó contra el maltrato, explotación y experimentación con animales. Una de sus frases más conocida fue: «Mientras el círculo de su compasión no abarque a todos los seres vivos, el hombre no hallará la paz por sí mismo».

Entre todos los animales con los que compartió su vida, el que marcó más a Schweitzer fue su pequeña gata *Sizi*. El médico y filántropo francés tenía por costumbre pasear cada día junto a unas obras y, en una ocasión, mientras caminaba por esa zona, escuchó unos maullidos ahogados que provenían de allí. Fue entonces cuando encontró a la gatita. Decidió adoptarla y cuidarla, y ambos se hicieron inseparables.

Sizi tenía la costumbre de quedarse dormida en el brazo izquierdo de su dueño. Quizá la gata no lo sabía, pero Schweitzer era zurdo y su cuerpecito felino siempre escogía dormir sobre el mismo brazo, impidiendo que el Nobel de la Paz pudiera escribir.

Cuando se dio cuenta de la costumbre de su gata, decidió no molestarla y empezó a escribir con la mano derecha mientras ella dormía, a pesar de su mala caligrafía. Prefería no entender su letra a despertar al animal.

Schweitzer decía que «hay dos sistemas para librarse de la miseria humana: tocar el órgano y contemplar los juegos de los gatos».

Otra de las facetas de este polifacético intelectual era la de misionero, y en uno de sus viajes a África decidió llevar consigo a *Sizi* porque no quería separarse de ella. Cuando los nativos vieron a la pequeña felina, la adoraron como a una diosa ante la agradecida mirada de Schweitzer.

África: la cuna del gato

Estudios recientes apuntan que el gato común que habita en millones de hogares desciende directamente del gato salvaje norafricano, y conserva la mayor parte de los instintos y conductas de sus antepasados. Es un misterio por qué, hace 9.000 años aproximadamente, el gato salvaje eligió por propia voluntad ser domesticado, renunciando a la vida de cazador. Aun así, la domesticación nunca fue completa, ya que esta mascota jamás ha dejado de ser autosuficiente.

Charles Dickens y *Wilhelmina*

Se dice que los gatos son animales introspectivos, solitarios y perfectos compañeros para los artistas. Entre ellos, los más predispuestos a tener gatos son probablemente los escritores.

Aunque hay muchas historias protagonizadas por escritores famosos y sus gatos —como ya hemos podido comprobar—, existe una en concreto de gran ternura: se trata de la historia de Charles Dickens y *Wilhelmina*.

Dickens y su mujer eran grandes amantes de los gatos, y ambos habían tenido siempre felinos en casa, y los seguían teniendo. Pero un día encontraron a uno por la calle y decidieron adoptarlo sin siquiera pensárselo. Enseguida pasó a ser el preferido del escritor, que lo bautizó con el nombre de *William*, en honor a su adorado Shakespeare.

William pasaba la mayor parte del tiempo en el estudio de Dickens, observando cómo éste llenaba páginas y páginas con historias que llegarían a ser clásicos. Sin embargo, aunque compartían tanto tiempo juntos, el escritor, absorto en su obra, no se dio cuenta de que su gato estaba realizando unos extraños preparativos en un rincón del estudio.

No fue hasta una tarde en la que no podía escribir a causa del ajetreo que había allí que Dickens se dio cuenta de que a *William* le estaba ocurriendo algo extraño: ¡estaba pariendo toda una camada de gatitos!

El escritor no cabía en sí del asombro. ¿Cómo podía ser que su gato estuviera pariendo gatitos? Le costó asimilar el acontecimiento, pero tras la sorpresa inicial, se alegró del descubrimiento y rebautizó a su compañera, quien desde entonces pasaría a llamarse *Wilhelmina*. De los gatitos que nacieron aquel día, Dickens y su mujer se quedaron con uno al que llamaron *Master's Cat*.

El escritor estaba tan contento con sus gatos y los quería tanto que llegó a decir: «¡Qué mejor regalo que el amor de un gato!»

Durante los años siguientes, *Wilhelmina* continuó pasando la mayor parte del tiempo en el estudio, junto al escritor. Ella era una compañera de trabajo, pero también cuidaba de su salud. Cuando consideraba que era tarde y Dickens ya había trabajado suficiente por ese día, subía sobre la mesa y, muy educadamente con una de sus patitas, apagaba la vela que iluminaba la estancia. Entonces el escritor comprendía que era hora de acostarse y acataba la orden, dando las gracias a su fiel compañera.

La casa de Charles Dickens todavía puede visitarse, y si uno se fija atentamente, puede ver en el pupitre las marcas que *Wilhelmina* dejaba con las uñas cuando intentaba captar la atención del escritor.

Existe una curiosa biografía novelada de Charles Dickens titulada *The Master's Cat. The Story of Charles Dickens as Told by His Cat*, de Eleanor Poe. En ella se narran los últimos diez años de vida del escritor, cuando pasaba la mayor parte del tiempo escribiendo a solas con un hijo de *Wilhelmina*. La historia tiene como narrador al gato, y está documentada a través de cartas, fuentes y memorias, que nos hacen ver a un Dickens muy distinto del que podemos conocer en otras biografías.

El amor más sublime

Debido a su carácter independiente y nada adulador, se dice que son pocas las personas a las que un gato está dispuesto a amar. A menudo ese privilegio se restringe sólo al dueño. Dickens era consciente de ello, y llegó a decir: «¿Qué puede haber más sublime que el amor de un gato?»

«Mi casa es como un zoológico»

Toni (investigador científico)
Gato: *Miu*

Toda mi vida he estado rodeado de animales. En casa siempre tuve perros y gatos, y los sigo teniendo. Soy biólogo marino, así que podríamos decir que no sólo mi vida hogareña está marcada por los animales, sino también mi vida profesional.

En nuestro piso de Barcelona, en estos momentos tenemos tres perros y una gata, y en la casa del pueblo nos acompañan dos perros más. A veces nos juntamos todos, así que podemos llegar a estar en un mismo sitio todos los miembros de la familia y nuestros compañeros animales: cinco perros y una gata.

Miu entró en la familia hace tres años. El nombre se lo puso mi hija, porque, según ella, la gata siempre decía «miu». La encontramos abandonada junto a una carretera. Cuando la recogimos, debía de tener un mes aproximadamente. Estábamos volviendo de una excursión cuando la vimos. Bajamos del coche para recogerla, pero se asustó y se escondió entre los arbustos.

Regresamos a casa sin ella, pero mi hija insistió tanto que volvimos a buscarla. Así lo hicimos y ahora Miu es una más en la familia.

Cuando la gatita llegó a casa, se encontró con que ya estaba ocupada por tres perros. Pensamos que quizá se volvería arisca o se mantendría apartada de los canes. Pero lo cierto es que Miu ha congeniado muy bien con ellos, en especial con una de las perras, a la que sigue a todas partes.

A veces nos olvidamos de que es una gata, porque se entiende a la perfección con sus compañeros perros. Eso sí, cuando éstos se quedan en la casa del pueblo, y ella descubre que nos tiene en exclusiva, Miu se vuelve más abierta y cariñosa. Si están ellos, cree que debe contenerse, quizá porque fue la última en llegar o porque sabe que está en minoría.

De muy pequeña, tenía la manía de subirse a los hombros de la gente —bueno, en especial al mío—, pero no lo hacía saltando como hacen otros gatos. Le gustaba agarrarse al pantalón e ir subiendo por la espalda hasta llegar al hombro. Una forma como cualquier otra de ejercitar los músculos, aunque bastante doloro-sa para mí si decidía hacerlo en verano.

Uno de los aspectos más curiosos de Miu es que no busca los mimos como los otros gatos. Normalmente, el gato se acerca a ti, ronronea y te pide mimos.

Ella hace lo contrario. Tiene un almohadón especial para ella y, si quiere mimos, lo que hace es tumbarse en él y llamarte con sus maullidos para que acudas y la acaricies.

Y no sólo maúlla para reclamar tu atención. Por las mañanas se sienta junto a la puerta del dormitorio. Cuando la abrimos y nos ve, nos da los buenos días con un maullido y, antes de que puedas acariciarla, se va a su almohadón. Si vuelve a maullar, es que quiere que vayas a darle los buenos días como es debido.

No sé qué tendrá ese almohadón, pero debe de ser el mejor sitio de la casa para hacer mimos, al menos para Miu. Dicen que los gatos son inteligentes y saben cuáles son los lugares más cómo-dos del hogar.

Nicolás I de Rusia y *Vadka*

En la antigua Rusia, los zares tenían mucho cariño a los gatos, en especial a los de la raza azul ruso.

No está muy clara la procedencia de esta raza. Algunos dicen que viene del norte de Rusia; otros que es una variedad de origen nórdico, ya que estos gatos eran compañeros de aventuras de los vikingos.

La razón por la que en Rusia eran tan apreciados es que se creía que tenían el poder de ahuyentar a los malos espíritus. Las cuidadoras de los hijos de las familias reales ponían a estos gatos a dormir en las camas, junto a los niños, para que estuvieran protegidos. Por eso, todos los zares crecieron junto a estos gatos.

El zar Nicolás I tuvo varios gatos de esta variedad, pero su preferida era *Vadka*. La quería tanto que la gata dormía siempre en su habitación. Así que, en este caso, era a él a quien protegía.

Conociendo las supersticiones del zar, según dice la leyenda, sus enemigos raptaron a la gata en más de una ocasión para herirlo en lo más hondo de su ser. Pero *Vadka*, que era mucho más inteligente que todos los nobles juntos, logró escapar y regresó a casa con su amo todas las veces.

En algunas tumbas de zares todavía puede verse un gato azul que custodia a sus dueños bajo el inmenso cielo ruso.

El gato arcángel

Esta bella raza de felino se dio a conocer, según los historiadores felinos, en el puerto ruso de Arkhangelsk. Esto ha provocado que a veces reciba el nombre de «azul arcángel». La primera vez que se exhibió este gato fuera de Rusia fue en 1875, en el Palacio de Cristal de Londres, donde causó verdadera sensación.

Hernan vigliocco   +549 1169 7026
(Bs As)
- PayPal.
- El Australiano. (bar).
- Temple bar
-

* haganme acordar
  de un amigo brasilero
  que es ingeniero.

Workaway (Aplicación)